IDEIA

IMPRENSA DA UNIVERSIDADE DE COIMBRA
COIMBRA UNIVERSITY PRESS

EDIÇÃO
Imprensa da Universidade de Coimbra
Email: imprensa@uc.pt
URL: http//www.uc.pt/imprensa_uc
Vendas online: http://livrariadaimprensa.uc.pt

DIREÇÃO
Maria Luísa Portocarrero
Diogo Ferrer

CONSELHO CIENTÍFICO
Alexandre Franco de Sá | Universidade de Coimbra
Angelica Nuzzo | City University of New York
Birgit Sandkaulen | Ruhr-Universität Bochum
Christoph Asmuth | Technische Universität Berlin
Giuseppe Duso | Università di Padova
Jean-Christophe Goddard | Université de Toulouse-Le Mirail
Jephrey Barash | Université de Picardie
Jerôme Porée | Université de Rennes
José Manuel Martins | Universidade de Évora
Karin de Boer | Katholieke Universiteit Leuven
Luís Nascimento | Universidade Federal de São Carlos
Luís Umbelino | Universidade de Coimbra
Marcelino Villaverde | Universidade de Santiago de Compostela
Stephen Houlgate | University of Warwick

COORDENAÇÃO EDITORIAL
Imprensa da Universidade de Coimbra

CONCEÇÃO GRÁFICA
António Barros

PRÉ-IMPRESSÃO
Linda Redondo

PRINT BY
CreateSpace

ISBN
978-989-26-1246-1

ISBN DIGITAL
978-989-26-1247-8

DOI
https://doi.org/10.14195/978-989-26-1247-8

DEPÓSITO LEGAL
425415/17

© ABRIL 2017, IMPRENSA DA UNIVERSIDADE DE COIMBRA

ORTEGA Y GASSET EM LISBOA

Tradução e enquadramento de
La razón histórica [*Curso de 1944*]

MARGARIDA I. ALMEIDA AMOEDO

IMPRENSA DA UNIVERSIDADE DE COIMBRA
COIMBRA UNIVERSITY PRESS

SUMÁRIO

Nota de abertura 7

Um curso universitário na etapa portuguesa do exílio 11

A razão histórica [Curso de 1944] 47
    Lição I. Prelúdio sobre a situação da inteligência 47
    Lição II. O intelectual perante o mundo moderno 67
    Lição III. O terramoto da razão 85
    Lição IV. Começa a imersão na nossa vida 111
    Lição V. Primeiro contacto com a nossa vida 125
        [Começo descartado]. [Teologia e Filosofia] 138
    Lição VI. 141

NOTA DE ABERTURA

José Ortega y Gasset deu em Lisboa, em 1944, um curso intitulado *La razón histórica*, tal como um outro exposto em Buenos Aires quatro anos antes[1]. No entanto, quer as circunstâncias, quer o conteúdo desses cursos são muito diferentes. Iremos centrar-nos naquele que o filósofo espanhol apresentou na última etapa do seu longo exílio. Não obstante ter ficado incompleto, após interrupção por doença do autor, propusemo-nos traduzi-lo, considerando também importante enquadrá-lo no contexto próximo da obra orteguiana. Por isso, este volume contém, primeiramente, um breve estudo introdutório dedicado ao período vivido por J. Ortega y Gasset em Lisboa[2], a que se segue a nossa tradução de *La razón histórica* [*Curso de 1944*][3].

Disponibilizar os textos de Ortega y Gasset em Língua Portuguesa, como já defendemos noutras ocasiões[4], não parece condição indispensável para que eles sejam acessíveis aos leitores lusos, atendendo,

---

[1] Cf. ORTEGA Y GASSET, José – *La razón histórica* [*Curso de 1940*], in *Obras completas*. Tomo IX. Madrid: Taurus/FJOG, 2009, pp. 475-558.

[2] No estudo introdutório, para além de traçarmos um enquadramento histórico, salientamos algumas categorias fundamentais do pensamento orteguiano (como, por exemplo, *circunstância, fazer, vocação, razão*) e presentes no curso apresentado depois em tradução, reservando o rodapé desta para outros esclarecimentos pontuais.

[3] Cf. ORTEGA Y GASSET, José – *La razón histórica* [*Curso de 1944*], in *Obras completas*. Tomo IX, ob. cit., pp. 623-700.

[4] Ex., na conferência "Tradução de Espanhol para Português - Uma experiência singular", inserida no programa das Jornadas Ibéricas "A Técnica em J. Ortega y Gasset", realizadas em Lisboa e Évora em novembro de 2010, e na conferência "Traducción - arte (¿o audacia?) de dar paso a una obra", proferida no ano seguinte, em Madrid, no Congreso Internacional "Ortega y Gasset – Nuevas lecturas, nuevas perspectivas, a propósito de la nueva edición de sus *Obras completas*".

tanto a uma certa facilidade destes para diversos idiomas, como às semelhanças entre as duas línguas. Contudo, a riqueza e a enorme vantagem de ler na língua original a obra do filósofo espanhol parece, em Portugal, privilégio de um número restrito de pessoas, pelo que selecionar certas obras e traduzi-las permite esperar que estas cheguem a um público potencialmente mais alargado.

Assim, e num momento em que já existe uma edição crítica dos textos de José Ortega y Gasset[5], o fundamental é garantir que a tradução se faz, por um lado, a partir da fixação do *corpus* orteguiano dessa edição e, por outro, procurando respeitar as peculiaridades do discurso do filósofo, talvez acentuadas no nosso País ao ser proferido publicamente num meio em que era pouco conhecido[6].

O texto do curso de 1944 em Lisboa foi inédito até à publicação, em 1979, na edição de Paulino Garagorri, do livro *Sobre la razón histórica* (revisto em 1980 e em 1983, e que foi incluído no Tomo XII da

---

[5] Trata-se das novas *Obras completas*, publicadas entre 2004 e 2010, numa coedição com a Taurus, pela Fundación José Ortega y Gasset. Doravante, referiremos qualquer dos dez tomos desta edição através da sigla Oc, seguida da indicação do tomo em numeração romana e, finalmente, da indicação normal de página ou páginas.

[6] Para além do recurso, frequente no autor, a uma coloquialidade mesclada inconfundivelmente com eloquência e erudição, em Lisboa Ortega procura usar algumas palavras portuguesas que o aproximem ainda mais do auditório. Essas palavras, escritas pelo filósofo em português no original (ainda que nem sempre com correção ortográfica) são registadas em itálico no texto a partir do qual traduzimos e assim as mantemos nós. É o caso, por exemplo, da palavra "cadeira", numerosas vezes usada na Lição III. Tentamos também, na tradução, ser fiéis às opções do autor, quanto ao estilo de pontuação, ao recurso, ora a certas repetições, ora, nalguns casos, a meras pistas para desenvolvimento, ao uso frequente do "–", à transliteração do grego e, em geral, pretendemos preservar a expressividade do nosso autor, atendendo às alternativas linguísticas em relação às quais ele mesmo teve de escolher. Apenas traduzimos os termos e expressões da língua espanhola, mantendo os de outras línguas tal como Ortega os registou. A esses usos em itálico acrescentamos os impostos por não existir equivalente português, como no caso de *et cetera*, que, a não ser substituído pela abreviatura, usamos como tradução de "etcétera". Temos bem presente a indicação do próprio filósofo espanhol de que os leitores agradecem ao tradutor que, "llevando al extremo de lo inteligible las posibilidades de su lengua, transparezcan en ella los modos de hablar propios al autor traducido" (ORTEGA Y GASSET, José – «Miseria y esplendor de la traducción», in *Oc*, V, p. 724), sabendo, porém, que "en cada pueblo las palabras experimentan aventuras diferentes", como disse inclusive na Lição I do curso de Lisboa. Cf. IDEM – *La razón histórica* [*Curso de 1944*], ob. cit., p. 635.

edição, no centenário de nascimento do autor, das suas *Obras Completas*. Madrid: Revista de Occidente en Alianza Editorial, 1983). No arquivo da Fundación José Ortega y Gasset (desde 2010, Fundación José Ortega y Gasset - Gregorio Marañón), conservam-se a versão manuscrita do curso e uma cópia dactilografada, corrigida pelo próprio Ortega, mas incompleta. O texto a partir do qual traduzimos[7] baseia-se nos manuscritos, cotejados com o que está dactilografado, e inclui quatro páginas inéditas até às novas *Obras completas*, bem como uma citação, na Lição III, de *Formale und transzendentale Logik*, de Husserl, e um parágrafo de «Apuntes sobre el pensamiento, su teurgia y su demiurgia» em que Ortega já comentara esse mesmo excerto de Husserl; em adenda à Lição V, também se transcreve um começo descartado dessa lição que em edições anteriores tinha sido publicado como um dos apêndices ao curso[8].

Importa ter presente, desde este momento, que, pelo facto de o curso ter sido interrompido, ficou por tratar diretamente o tema que o respetivo título anuncia, o que não obsta a que possamos considerar que, radicado nas prioridades de pensamento do autor por aqueles anos, o que expôs em Lisboa é uma aplicação, na sua própria biografia, da razão histórica enquanto instrumento de compreensão e orientação da vida humana. Entre essas prioridades, destacava-se a reflexão sobre a missão do intelectual, o filosofar como tarefa vital e a crise da racionalidade lógica; ou seja, precisamente os temas filosóficos a que Ortega se dedicou nas lições dadas em Lisboa, há mais de setenta anos.

---

[7] Cf. *supra*, n. 3.
[8] Cf. «Notas a la edición», in *Oc*, IX, p. 1463 e ss.

UM CURSO UNIVERSITÁRIO NA ETAPA PORTUGUESA DO EXÍLIO

A regência, hoje em dia, de um curso universitário por uma pessoa estrangeira é acontecimento muitíssimo frequente e fácil de concretizar, graças a numerosos protocolos de colaboração e de mobilidade interuniversitárias. Em 1944, quando Ortega apresenta publicamente em Lisboa as suas lições sobre *a razão histórica*[1], fá-lo ao abrigo de uma possibilidade, já legalmente prevista, de realização, no ensino superior, de "cursos especiais" por individualidades de "excepcional competência"[2], que não terá sido tão fácil de efetivar[3] como seria nos nossos dias, mas acabou por acontecer, após a publicação em *Diário do Governo* do

---

[1] Cf. «Nota de Abertura», n. 3. Doravante, referiremos este curso, em rodapé, através da sigla *RH44* e o de quatro anos antes, sob o mesmo título, através da sigla *RH40*, apenas seguidas da indicação de página(s).

[2] Cf. *Diário do Governo*, I Série, nº 272, Decreto-Lei n.º 31:658, de 21. XI. 1941, Art.º 9º.

[3] Por isso, não terá sido por pura cortesia a referência de Ortega, no início da Lição I, à importância dos esforços de Oliveira Guimarães, Diretor da Faculdade de Letras da Universidade de Lisboa, e de Vitorino Nemésio, à época Professor de Literatura Espanhola na mesma Faculdade. Não poderemos evitar uma referência mais detida a Nemésio, adiante e no corpo deste texto, mas remetemos, desde já, para um artigo de Fátima Freitas Morna, em que a autora, estudiosa da vida e obra do escritor açoriano, alude a uma tentativa anterior de Nemésio no sentido de "um projeto de maior alcance, frustrado por um enredo que não cabe aqui desenvolver, implicando a contratação de Ortega como catedrático da Faculdade de Letras de Lisboa". MORNA, Fátima Freitas – «Vitorino Nemésio e a Espanha», in SÁEZ DELGADO, Antonio; GASPAR, Luís Manuel (eds.) – *Suroeste. Relaciones literarias y artísticas entre Portugal y España (1890-1936)*. Badajoz: MEIAC/Assírio & Alvim, 2010, p. 366. De facto, sabemos que o convite para Ortega dar um curso na Universidade de Lisboa foi feito em 1943 (cf. Carta de Nemésio a Ortega, com data de 18. IX. 1943, no *Archivo José Ortega y Gasset*: carta 4515, C-68/9b).

respetivo contrato[4]. Ortega estava em Portugal, desde março de 1942; no entanto, a Universidade de Lisboa só em novembro e dezembro de 1944 ficará ligada ao seu trabalho.

Os tempos eram difíceis e cheios de equívocos sobre as preferências políticas de cada um, após três anos de guerra civil em Espanha seguidos de uma II Guerra Mundial ainda em curso. O facto de Ortega ter defendido a instauração da II República em Espanha, em 1931, e de, com a sua saída de Madrid, em 1936, passar a ser considerado pelo governo republicano como contrarrevolucionário, colocava-o numa posição para quase todos ambígua: para os monárquicos era pró-republicano e para os republicanos, conservador, se não pró-monárquico[5].

---

[4] Cf. a publicação do despacho de aprovação do contrato, em 30 de agosto, pela Direcção Geral do Ensino Superior e das Belas Artes: *Diário do Governo*, II Série, nº 214, 13. IX. 1944, p. 5322.

[5] Ortega defendeu na sua conferência *Vieja y nueva política*, de 1914, que tanto o regime monárquico, como o regime republicano são apenas meios e que "lo único que queda como inmutable e imprescindible son los ideales genéricos, eternos, de la democracia; y todo lo demás (...) es transitorio". ORTEGA Y GASSET, José – *Vieja y nueva* política, in *Oc*, I, p. 728. Embora salvaguardando, na mesma altura, que isso não significava que se possa dispensar a questão de qual a forma de governo preferível e, sim, que, uma vez estabelecidos os fins políticos a perseguir, a decisão sobre os meios ou instituições que podem servi-los deve depender da análise da experiência histórica, a verdade é que uma tal posição, sobretudo em períodos de grande conflitualidade política, só poderia ser incompreensível para quem colocava, inversamente, a questão do regime acima de todas as outras. Do nosso ponto de vista, essa conceção, defendida desde a juventude, da transitoriedade das *formas de governo* deve entender-se em conjunção com o liberalismo essencial que Ortega y Gasset sempre defendeu; e, como sintetiza Sánchez Cámara, "al liberal no le importa tanto quién manda, el titular de la soberanía sino, mande quien mande, cuánto manda, hasta dónde alcanza la esfera del poder". SÁNCHEZ CÁMARA, Ignacio – «El liberalismo de Ortega y Gasset», *Revista de Occidente*, Madrid, nº 108 (1990), p. 75. Daí a importância da distinção entre democracia e liberalismo que Ortega estabelece de uma maneira lapidar no «Notas del vago estío», de 1925. Trata-se, diz-nos, de duas respostas a perguntas diferentes: *Quem deve exercer o poder público?* e *Quais devem ser os limites deste poder?* A democracia é uma das respostas possíveis à primeira e reconhece à coletividade dos cidadãos a soberania; o liberalismo responde à segunda, proclamando como limites os direitos individuais – aquela previne o abuso do poder por apenas alguns; este, a possibilidade de que o privado seja esmagado pelo público. Cf. ORTEGA Y GASSET, José – «Notas del vago estío», in *Oc*, II, pp. 541-543. Em 1932 Ortega explicitaria perante o parlamento republicano a mesma distinção, mostrando continuar a parecer-lhe necessário afirmar-se fiel à liberdade como princípio fundamental do direito político. Cf. IDEM – «Estatuto de Cataluña. – Discurso de rectificación», in *Oc*, V, pp. 76-77.

Por outro lado, a conjugação do seu conhecido acatolicismo[6] com uma recusa de extremismos anticatólicos[7] representava igualmente uma posição para muitos indefensável.

Para além do mais, quando chegou a Portugal, Ortega estava longe de ter aqui a projeção pública que se registava em Espanha, desde pelo menos a segunda década do século, e noutros países da Europa e da América, desde pelo menos os anos vinte e trinta. Por seu turno, também ele praticamente desconhecia o nosso País. Num comentário a este respeito, um dos seus filhos, José Ortega Spottorno, disse que *os intelectuais espanhóis nunca prestaram muita atenção à cultura lusitana* e que não sabia se o seu pai não teria sentido *algum arrependimento* por esse facto, ao vir para Portugal[8].

---

[6] A sua perda da fé católica verificou-se quando era ainda muito jovem e, congruente com as suas opções em matéria religiosa, Ortega decidiu em todos os momentos da sua existência agir acatolicamente, mas respeitando sempre aqueles que eram sujeitos sinceros de alguma crença. Disso foi exemplo a sua opção ao casar-se com Rosa Spottorno y Topete, que, nascida como ele próprio no seio de uma família fervorosamente católica, se mantinha praticante. Ortega procurou uma disposição canónica que previa a aliança entre um cônjuge católico e outro agnóstico, e o matrimónio foi celebrado segundo a respetiva fórmula nada habitual, que assegurava a ambos a salvaguarda das suas diferentes convicções. Cf. ORTEGA SPOTTORNO, Soledad (org.) – *José Ortega y Gasset: Imágenes de una vida (1883-1955)*. Madrid: Ministerio de Educación y Ciencia / Fundación José Ortega y Gasset, 1983, pp. 29-30.

[7] Após a proclamação da II República Espanhola, num momento em que se levantavam numerosas vozes anticlericais, o próprio Ortega resumiu claramente a sua posição, numa conferência que se tornaria famosa: "El Estado tiene que ser perfectamente y rigorosamente laico; tal vez ha debido detenerse en esto y no hacer ningún gesto de agresión. Yo, señores, no soy católico y desde mi mocedad he procurado que hasta los humildes detalles oficiales de mi vida privada queden formalizados acatólicamente; pero no estoy dispuesto a dejarme imponer por los mascarones de proa de un arcaico anticlericalismo." ORTEGA Y GASSET, José – «Rectificación de la República», in *Oc*, IV, p. 847. O Padre Manuel Antunes, num artigo de 1955 dedicado aos principais temas da filosofia de Ortega, diz que o autor "era demasiado nobre, demasiado inteligente, demasiado pouco «ideólogo» para cair na anti-religiosidade ou, sequer, num vulgar anti-clericalismo". ANTUNES, Manuel – «Ortega y Gasset. Introdução ao seu pensamento», *Brotéria. Revista Contemporânea de Cultura*, Lisboa, Vol. LXI, nº 6 (1955), p. 532.

[8] Cf. ORTEGA SPOTTORNO, José – *Los Ortega*. Madrid: Taurus, 2002, p. 393. João Medina, no seu livro *Ortega y Gasset no Exílio Português*, refere-se, não apenas ao desconhecimento do nosso País, mas mesmo à *dececionante* atitude do filósofo espanhol "pelo seu granítico silêncio e implícito desdém por tudo quanto fosse cultural e historicamente português". MEDINA, João – *Ortega y Gasset no Exílio Português (com um excurso sobre a*

Temos, pois, de situar a presença entre nós de Ortega, projetando-a numa atmosfera para si estranha e talvez até inóspita, se atendermos ao contraste entre a melancolia persistente na história portuguesa e

---

lusofilia de Miguel de Unamuno). Lisboa: Centro de História da Universidade de Lisboa, 2004, p. 18. Neste livro, não isento de gralhas e mesmo erros, o autor não deixa de reconhecer a necessidade de contextualizar a *visão portuguesa em Ortega* "na sua especial e amarga circunstância de exilado" – cf. *ibid.*. Todavia, acaba por evidenciar, sobretudo, a contraposição entre Miguel de Unamuno, o espanhol que "nos amou deveras, nos visitou muito e muito nos quis compreender" – cf. *ibid.*, p. 73 –, e Ortega y Gasset, cujo *silêncio sobre Portugal* João Medina sublinha a partir de uma leitura feita, em *Amor a Portugal*, por Ernesto Giménez Caballero, não obstante considerar que esse livro (Madrid: Ediciones Cultura Hispánica, 1949) foi escrito "numa perspectiva excessivamente credora dos ideais do Fascio espanhol, insuficientemente atenta a aspectos que nunca lhe ocorreu considerar e impressionista na sua feitura algo apressada" – *ibid.*, p. 44. Uma outra fonte importante para João Medina foi um livro de Gregorio Morán, cujas páginas dedicadas ao exílio lusitano de Ortega, no seu *El maestro en el erial*, Medina considera que "merecem ser resumidas" – *ibid.*, p. 67. Do nosso ponto de vista, Gregorio Morán não visa, obviamente, discernir entre a questão do desconhecimento de Portugal por Ortega e a questão do silêncio do filósofo, acerca das posições políticas dominantes, quer no nosso País, quer em Espanha, no decurso de todo o seu exílio. Cf. MORÁN, Gregorio – *El maestro en el erial. Ortega y Gasset y la cultura del franquismo*. Barcelona: Tusquets Editores, 1998. A dedicação de Morán ao tópico do silêncio político de Ortega na última etapa da sua vida, mormente na década de 1945-1955, serve, sobretudo, para uma denúncia de opções pessoais *táticas*, que ajudariam a compreender as raízes e a perdurabilidade do franquismo. Com efeito, nas mais de quinhentas páginas de Morán, o filósofo madrileno é apenas o *mestre* que, perscrutado num grande número de atitudes e traços de carácter, é cruelmente exposto, na sua vaidade e no seu obscuro posicionamento em relação à cultura associada ao regime de Franco e reduzida a um *descampado*. Já em 1984, Antonio Elorza tinha avançado a ideia de que Ortega *vacilará quando finalmente tem que enfrentar a guerra e o seu sentido contrarrevolucionário vence a sua tradicional equidistância entre comunismo e fascismo*. Cf. ELORZA, Antonio – *La razón y la sombra. Una lectura política de Ortega y Gasset*. Barcelona: Editorial Anagrama, 1984, p. 251. O livro de Elorza termina com a referência à *viragem de Ortega* em relação à II República – cf. *ibid.*, p. 213 –, não chegando a analisar o posterior silêncio político do pensador de que essa *viragem* teria sido o prelúdio. Numa biografia recentemente publicada, que também não é clemente em relação à personalidade e a certas contradições de Ortega, e denuncia fortemente o seu egocentrismo e o desdém em relação aos outros, Jordi Gracia tem, no entanto, a preocupação de documentar as suas ilações sobre o posicionamento ideológico-político do filósofo ao longo de toda a vida, posicionamento esse que se traduzirá, nos seus últimos anos, numa perda de amigos e, sobretudo a partir da deceção a seu respeito de outros exilados, no que o autor refere como *descrédito político que tinha querido preservar com a inviolável mas violada lei do silêncio*. Cf. GRACIA, Jordi – *José Ortega y Gasset*. Madrid: Taurus, 2014, p. 593. O que, entre tantas possibilidades de análise e de interpretação, nos parece mais óbvio é que a vinda de Ortega para Portugal se dá num momento particularmente difícil do seu percurso biográfico, da história de cada um dos países ibéricos e no quadro de conflitos bélicos à escala mundial que teriam na Europa uma das suas expressões mais arrasadoras.

um certo otimismo em geral característico do filósofo[9]. Anteriormente, apenas tinha vindo uma vez a Portugal, em finais de fevereiro de 1939, para durante três meses (em grande parte passados no Algarve, em Portimão) se recuperar de graves e repetidas infeções que há pouco tempo quase o tinham levado à morte. Essa breve experiência de Portugal fora, portanto, motivada por doença e ficaria associada à convalescença de Ortega, após uma cirurgia (para extração de cálculos biliares) realizada em Paris e considerada *in extremis*.

Ortega ainda regressaria à capital francesa, onde, desde 1936, viveu quase três anos na primeira etapa do seu exílio, por entre algumas dificuldades, em que os problemas de saúde e de falta de dinheiro se somaram ao desenraizamento do seu meio, das referências humanas com que crescera, das pessoas com quem convivera e longe também dos seus livros.

O seu desconhecimento do nosso País, quando veio viver para Lisboa, é um facto, pois não tivera oportunidade de cumprir a *resolução de visitar a fundo Portugal* expressa em meados dos anos trinta. Cf. Carta de Ortega a José Mendes de Vasconcellos Guimarães, Visconde de Riba-Tâmega – de 4. V. 1935, no *Archivo José Ortega y Gasset*: carta 9571, CD-R/42. Contudo, relacionar implicitamente esse facto com o *silêncio de Ortega*, como fez João Medina no livro supracitado, é, no mínimo, forçado e revelador de desconhecimento da complexa posição orteguiana acerca do *calar* em Política, a que já nos referimos anteriormente – cf. AMOEDO, Margarida I. Almeida - *José Ortega y Gasset: A Aventura Filosófica da Educação*. Lisboa: Imprensa Nacional - Casa da Moeda, 2002, p. 136 –, e do que José Lasaga considerou a "experimentum crucis" da biografia do autor – cf. LASAGA MEDINA, José – "Las vidas contadas de José Ortega y Gasset", *Anales del Seminario de Historia de la Filosofía*, Madrid, Vol. 20 (2003), p. 311.

[9] Na nossa própria leitura de Ortega sobressai a sua tendência para, num intuito construtivo, acentuar as facetas positivas do viver. Até nos períodos de doença física e de amargura perante diversos acontecimentos, o autor procura exprimir as suas expectativas e, contrariando a sua desesperança, analisar as situações concretas com bastante entusiasmo, o que vemos refletido na sua teorização da vida humana. Um dos autores que sustentou essa interpretação, Eugenio Frutos, chega a considerar Ortega *mestre em tirar conclusões otimistas de premissas pessimistas*, conclusões que levam a esperar um futuro positivo e permitem qualificar como *jubilosa* a sua posição. Cf. FRUTOS, Eugenio – «La idea del hombre en Ortega y Gasset», *Revista de Filosofía*, Madrid, Ano XVI, n.ºs 60-61 (1957), pp. 84-85 e 85, n.140. É certo que se trata de um artigo de 1957, ou seja, quando ainda não tinham sido publicadas obras fundamentais como, ex., *El hombre y la gente* e *La idea de principio en Leibniz y la evolución de la teoría deductiva*; mas o conhecimento de toda a sua produção hoje editada não infirma, de todo, tal interpretação.

Ao tomar conhecimento do fim da guerra civil espanhola, durante a referida estada de 1939 em Portugal, Ortega terá chegado a ter a expectativa de que a sua pátria pudesse reconquistar a *serenidade* necessária à reconstrução por todos das suas vidas[10]. Não pôde, contudo, ignorar a informação do seu filho mais velho que, estando já em Madrid, lhe dá conta de que o poder ali recém-estabelecido é exercido com frieza e sem qualquer piedade em relação aos vencidos[11].

Encontrando-se novamente em Paris no auge da ameaça de Hitler, nomeadamente à Polónia, Ortega aceita um convite vindo de Buenos Aires, da Asociación Amigos del Arte, que lhe permite sair da Europa, cujas possibilidades de paz e de liberdade seriam aniquiladas pelo pacto germano-soviético, de 23 de agosto de 1939. No dia em que o filósofo desembarca na Argentina, estala no continente europeu a II Guerra Mundial. Inicia, então, a segunda etapa do seu exílio, que se prolongaria até à vinda para Lisboa e acabaria por se converter no que Cacho Viu qualificou como uma *aziaga terceira estada em Buenos Aires*[12].

Das suas viagens anteriores ao país sul-americano, Ortega tinha guardado gratas recordações. Na primeira, em 1916, era já, não obstante a sua juventude, um intelectual reconhecido: professor de Metafísica na Universidad Central de Madrid, publicista assíduo nos jornais espanhóis de maior tiragem, conferencista destacado sobre problemas nacionais e ensaísta consagrado desde a publicação do livro *Meditaciones del Quijote*, foi como convidado da Institución Cultural Española e teve um caloroso acolhimento e um êxito enorme, junto de um povo que lhe pareceu perspicaz, curioso e de um admirável

---

[10] Cf. a carta de Ortega ao seu discípulo Julián Marías cit. in MARÍAS, J. – «Ortega: historia de una amistad», in *Obras*. Tomo V, Madrid: Revista de Occidente, 1969, p. 402; IDEM – *Ortega. Las trayectorias*, ob. cit., p. 363.

[11] Cf. ORTEGA, Miguel – *Ortega y Gasset, mi padre*. Barcelona: Editorial Planeta, 1983, pp. 155-156.

[12] Cf. CACHO VIU, Vicente – *Los intelectuales* y la política. Perfil público de Ortega y Gasset. Madrid: Biblioteca Nueva, 2000, p. 63.

discernimento axiológico[13]. Em 1928, publicados os primeiros volumes de *El Espectador* e *España invertebrada, El tema de nuestro tiempo, Las Atlántidas, La desumanización del arte e ideas sobre la novela, Espíritu de la letra* e *Mirabeau o el Político*, Ortega volta a Buenos Aires, desta vez como filósofo célebre e ali bastante lido, inclusive graças às suas colaborações frequentes na imprensa argentina. Conforme José Luis Molinuevo sintetizou, na primeira edição póstuma do conjunto dos textos, até então inéditos, dos dois ciclos de conferências orteguianas proferidas na Argentina com um intervalo de doze anos[14], há um fio condutor das reflexões ali apresentadas pelo famoso orador espanhol, a saber, o tema da *nova sensibilidade do século XX para as circunstâncias, o nosso tempo, a intimidade*[15]. Outro denominador comum foi a cordialidade com que o receberam, a par do fortalecimento de certos vínculos de amizade com Elena Sansinena, Victoria Ocampo, ou Eduardo Mallea.

Quando regressa ao grande país hispano-americano em 1939, o brilho das estadas anteriores (sobretudo da primeira[16]) ir-se-á ofuscando profundamente. O reencontro com alguns amigos e o estabelecimento de novas relações próximas, em que se inclui, por

---

[13] Cf. ORTEGA Y GASSET, José – «Palabras a los suscriptores», in *Oc*, II, p. 266.

[14] Cf. IDEM – *Meditación de nuestro tiempo. Las conferencias de Buenos Aires, 1916 y 1928*. Ed. de José Luis Molinuevo. México-Madrid: Fondo de Cultura Económica, 1996. O volume inclui as nove conferências proferidas, de 7 de agosto a 7 de outubro de 1916, no curso "Introducción a los problemas actuales de la filosofía" – cf. *ibid.*, pp. 33-172 – e as cinco apresentadas de 11 de setembro a 28 de outubro de 1928, sob o título "Meditación de nuestro tiempo" – cf. *ibid.*, pp. 173-286.

[15] Cf. *ibid.*, p. 11.

[16] Luis de Llera sustentou que, mesmo na segunda viagem à Argentina, "no todo fueron rosas para Ortega" e que a reação deste nos artigos "Pampa... promesas" e "El hombre a la defensiva", publicados em *La Nación* de Buenos Aires em 1929, após o seu regresso a Espanha, pôs em causa *o velho idílio de 1916* – cf. LLERA, Luis de - «Ortega en Argentina», in AZNAR SOLLER, Manuel (ed.) – *Escritores, editoriales y revistas del exilio republicano de 1939*. Sevilla: Editorial Renacimiento, 2006, pp. 82-85. Antes de Luis de Llera, já Marta Campomar, por ele citada, se referira, no capítulo «Los viajes de Ortega a la Argentina y la Institución Cultural Española», ao papel dos juízos depreciativos que marcaram a visita de Ortega, em 1928. Cf. *infra*, n.19.

exemplo, Máximo Etchecopar[17], não impede que a Argentina da segunda etapa do exílio de Ortega se torne no *pálido paraíso* a que se refere Jordi Gracia, na sua recente biografia[18]. Com efeito, por diversos fatores referidos por muitos autores[19], é recorrente o grande desânimo e até a depressão que marcam a existência do filósofo naquela época, ainda que a esta pertençam concretizações de enorme importância no seu percurso intelectual: a publicação dos livros *Ensimismamiento y alteración,* em 1939, *Ideas y creencias* e *El libro de las misiones,* no ano seguinte, bem como dos artigos «El Intelectual y el Otro» (em *La Nación*, 29 de dezembro de 1940) e «Apuntes sobre

---

[17] Sobre esta amizade, que o próprio Etchecopar qualificou de ímpar, cf. ETCHECOPAR, Máximo – «Ortega y los argentinos», in *Ortega y la Argentina*. Coord. de José Luis Molinuevo. México, Buenos Aires, Madrid: Fondo de Cultura Económica, 1997, pp. 85-93. O mesmo Etchecopar ajuda-nos a compreender, num outro texto, o contraste entre o exílio argentino e o exílio português de Ortega, citando nomeadamente uma carta de 5 de dezembro de 1943, em que o filósofo se referiu ao sofrimento por si vivido em 1941, contrapondo-lhe a expectativa de ter "por delante la etapa más activa y destacada de toda su vida". ETCHECOPAR, Máximo – «A propósito de la tercera visita de Ortega a Buenos Aires», in MARÍAS, Julián, *et al.* – *Un siglo de Ortega y Gasset*. Madrid: Editorial Mezquita, 1984, p. 134.

[18] Cf. GRACIA, Jordi – *José Ortega y Gasset*, ob. cit., pp. 548 e ss.

[19] Cf., ex.: SÁNCHEZ-ALBORNOZ, Cláudio – «Recuerdos emocionales», *Revista de Occidente*, Madrid, Extraordinário VI, «Ortega, vivo», n.ºs 24-25 (1983), p. 245; MARÍAS, Julián – *Ortega. Las trayectorias*, ob. cit., pp. 364-365; ETCHECOPAR, Máximo – «A propósito de la tercera visita de Ortega a Buenos Aires», in MARÍAS, Julián, *et al.* – *Un siglo de Ortega y Gasset*, ob. cit., pp. 130-134; GRAY, Rockwell – *The Imperative of Modernity: An Intellectual Biography of José Ortega y Gasset*. Berkeley: University of California Press, 1989, pp. 280 e ss.; CAMPOMAR, Marta – «Ortega y el proyecto editorial de Espasa Calpe Argentina», *Revista de Occidente*, Madrid, nº 216 (1999), pp. 99-116; IDEM – «El exilio argentino en la correspondencia de Ortega y Gasset: la crisis de las etimologías», *Revista de Estudios Orteguianos*, Madrid, n.º 20 (2010), pp. 103-157. Esta mesma autora, num outro estudo, sugerira já que, quer pela *franqueza* com se referiu ao *facilitismo argentino*, logo em 1916, quer pelo *ponto álgido* de muitos juízos de depreciação sobre a Argentina e o seu povo elaborados durante a segunda visita, Ortega tinha criado um ambiente algo adverso, que se tornaria *hostil* quando em 1939, à confusão ideológica entre os *exilados espanhóis*, a *coletividade* e as *autoridades argentinas*, se somaram os problemas financeiros e de entendimento com a editora Espasa-Calpe. Cf. IDEM – «Los viajes de Ortega a la Argentina y la Institución Cultural Española», in *Ortega y la Argentina*, ob. cit., pp. 119-149 (para os destaques em itálico, cf. em especial p. 136, p. 141 e p. 146). Etchecopar parece sublinhar mais a quota-parte dos argentinos na deterioração da experiência sul-americana de Ortega e alude a um "malestar secreto de una mala acción" - cf. ETCHECOPAR, Máximo – «Ortega y los argentinos», in *Ortega y la Argentina*, ob. cit., p. 93.

el pensamiento, su teurgia y su demiurgia» (em *Logos*, 1, de 1941), ou ainda a redação de «Ideas para una Historia de la Filosofía», que foi o «Prólogo» da *Historia de la Filosofía* de Émile Bréhier e no final do qual Ortega ainda registou "Buenos Aires, 1942". Foi também nesse período de exílio argentino, mais precisamente nos meses de setembro e outubro de 1940, que o filósofo expôs o curso, homónimo do de Lisboa, sobre *La razón histórica*.

Mesmo que em Portugal nada mais o atraísse, a proximidade dos seus filhos terá pesado o suficiente[20] na decisão de regressar à Europa de um Ortega derrotado, não apenas por enormes dificuldades económicas, mas também por uma desilusão completa quanto aos seus projetos, nomeadamente editoriais, na Argentina, de onde esperava que o seu pensamento pudesse irradiar mais para outros países da América do Sul.

Após uma viagem transatlântica que começara no dia 9 do mês anterior, Ortega desembarca, em Lisboa, em 21 de março de 1942. No próprio dia, o jornal *Diário de Lisboa* noticia o facto, transcrevendo referências elogiosas que naquele momento o filósofo entende fazer a Portugal como "o unico oasis dêste [sic] mundo de loucura", onde as restrições materiais parecem de somenos importância, por oposição aos "horrores da guerra", e desde que houvesse "papel para livros e publicações". Segundo a mesma notícia, sabemos que o "sr. dr. Eduardo Pinto da Cunha, que recebeu José Ortega y Gasset em nome do diretor do S.P.N.[21]", tranquilizou o recém-chegado quanto

---

[20] Cf. ZAMORA BONILLA, Javier – *Ortega y Gasset*. Barcelona: Plaza & Janés, 2002, p. 447 e a referência, na correspondente n. 75 (*ibid.*, p. 610), a umas linhas acrescentadas por Ortega, numa carta de Rosa Spottorno à esposa de Justino de Azcárate, sobre a importância dessa aproximação geográfica aos filhos que Portugal representava. Também Jordi Gracia salienta esta importância, dizendo, a propósito do *regresso do filósofo à Península*, que "todo es más simples que presuntas conspiraciones políticas", uma vez que, além do mais, "echa de menos la protección de sus hijos" e, juntamente com a sua esposa, "echan de menos la expectativa de los nietos (...)". Cf. GRACIA, Jordi – *José Ortega y Gasset*, ob. cit., p. 571.

[21] S.P.N. é a abreviatura de Secretariado da Propaganda Nacional, que, a partir de 1944, passou a chamar-se Secretariado Nacional de Informação, Cultura

à disponibilidade de papel "para tais obras", o que gerou imediato entusiasmo de Ortega com a hipótese – destacada no título da notícia – de publicar no nosso País a *Revista de Occidente*.[22] No dia seguinte, outro jornal, *O Primeiro de Janeiro*, é mais parco em pormenores e, abaixo de uma fotografia, cuja legenda identifica "Ortega y Gasset, á [sic] sua chegada à Rocha do Conde de Óbidos", regista que o filósofo "[a]bordado pelos jornalistas recusou-se a declarações, e limitou-se apenas a falar da proverbial hospitalidade portuguesa e da beleza da cidade"[23]. Embora tratando-se de notícias de extensão muito diferente[24], ambas cometem o mesmo erro de informar que o autor "se encontrava desde 1936" na Argentina. O conhecimento do autor e da sua biografia era certamente escasso e impreciso e, ainda que se dissesse que era o "pensador espanhol de maior ressonância universal"[25], não podia dizer-se que a tivesse, pelo menos naquele momento, entre nós.

Popular e Turismo, e foi dirigido, de 1933 a 1950, por António Ferro (1895-1956), o responsável cultural do regime de Salazar que, contudo, muito promoveu as relações dos artistas de vanguarda portugueses e espanhóis do começo do Século XX. Foi editor, nomeadamente, de *Orpheu*, *Alma Nova* e *Bandarra*. Como jornalista do *Diário de Notícias*, António Ferro realizara em Espanha, em 1930, um conjunto de entrevistas a personalidades como Marcelino Domingo, Miguel de Unamuno, Valle-Inclán, Indalecio Prieto e Ortega, por exemplo, junto de quem procurou fazer uma espécie de reportagem tendo por motivos centrais a queda da ditadura de Primo de Rivera, as manifestações pró-republicanas durante o governo de Berenguer e os intuitos iberistas que António Ferro depreendia haver na hipótese, levantada por alguns republicanos, de constituição de uma república federal peninsular. Essas entrevistas só foram publicadas três anos depois. Cf. FERRO, António – *Prefácio da República Espanhola*. Lisboa: [Tip. da] Emprêsa Nacional de Publicidade, 1933. (O capítulo em que se inclui a entrevista a Ortega intitula-se «José Ortega y Gasset, o Profeta» – pp. 13-26.)

[22] Cf. *Diário de Lisboa*, Ano 21, n° 6941, 21. III. 1942, p. 4.

[23] *O Primeiro de Janeiro*, Porto, Ano 74°, n° 78, 22. III. 1942, p. 1.

[24] No caso do *Diário de Lisboa*, que apresenta uma fotografia do seu redator a falar com Ortega, a minúcia vai ao ponto de indicar que a bagagem do filósofo incluía "trinta e um volumes, na sua maioria constituídos por caixotes com livros (...) e um com manuscritos seus, estudos e apontamentos para novas obras (...)". *Diário de Lisboa*, n° e p. cit..

[25] *Ibid.*.

Começava, então, a terceira e última etapa do exílio de Ortega que, ao invés da anterior, seria mais aprazível e favorável ao desenvolvimento da sua reflexão filosófica. Portugal, apesar de graves atrasos no desenvolvimento e da prepotência governativa de Salazar, não era um dos efetivos beligerantes na II Guerra Mundial que envolvia grande parte dos países europeus. A neutralidade conseguida pelo regime salazarista, ao mesmo tempo que evitara a entrada dos portugueses no conflito armado, travando com isso, internamente, uma intervenção dos oposicionistas capaz de pôr em causa o *status quo*[26], permitira uma enorme valorização estratégica do País, que se transformou, sobretudo após a capitulação de França, no *porto pacífico de entrada e saída da Europa*[27]. Por isso a revista *Life* incluíra, no seu número de 29 de julho de 1940, um longo artigo sob o título "Portugal - The War has made it Europe's front door"[28].

Relativamente a Espanha, estava válido, desde 17 de março de 1939, um *Tratado de Amizade e Não Agressão* que, de maneiras várias, serviu os interesses, antes e depois do Protocolo Adicional de 29 de julho de 1940, tanto do regime de Franco, como do de Salazar. E, entre posições ambíguas, diferentes alianças e colaborações pró-Alemanha ou pró-Grã-Bretanha, negociações díspares e difíceis equilíbrios entre carências e benefícios económicos que a guerra traria ao longo do tempo, os dois ditadores confirmariam o seu *Pacto Ibérico* na reunião que tiveram em Sevilha, precisamente um mês antes de Ortega desembarcar em Lisboa em 1942. Estava longe de terminar a guerra e o paternalismo de Salazar, não obstante o "curto período áureo do

---

[26] O historiador Oliveira Marques fala de uma "trégua interna" conseguida graças ao "hábil jogo diplomático realizado pelo próprio Salazar". MARQUES, A. H. de Oliveira – *História de Portugal*. Vol. II, 4ª ed. Lisboa: Palas Editores, 1977, pp. 346-347.

[27] Cf. o contexto da expressão usada pelo historiador Fernando Rosas em MATTOSO, José (dir.) – *História de Portugal*. Vol. 7, s.l.: Círculo de Leitores, 1994, p. 303.

[28] Cf. *Life*, New York, 29. VII. 1940, pp. 65-73.

posicionamento externo português"[29], não evitaria uma progressiva deterioração das condições de vida no nosso País.[30]

É com esse horizonte que se torna compreensível a vivência do filósofo espanhol, após instalar-se numa Lisboa para si desconhecida. Segundo testemunharia mais tarde a sua filha, Soledad Ortega, a vida portuguesa era, para ele, um pouco apagada e melancólica, mas iria proporcionar-lhe um canto tranquilo para trabalhar[31], o que o levará a chamar à nossa capital o seu "trabajadero"[32].

Tem aqui uma convivência social bastante restrita e, ainda que salpicada de visitas de alguns amigos espanhóis e de encontros esparsos com figuras com relevância política, quer em Portugal, quer em Espanha, nela avulta a presença do médico Fernando Martins Pereira, que o acompanhara durante a convalescença entre nós em 1939 e se tornará um amigo inseparável[33], e da sua esposa, Octávia. Graças a este casal, que com grande frequência acolhia na sua casa, na Rua Alexandre Herculano, um pequeno e heterogéneo grupo de amigos, Ortega dispôs de um contexto minimamente capaz de satisfazer as suas necessidades de tertúlia. Talvez não passasse, para si, de uma pálida imagem da reunião diária, com um conjunto alargado de intelectuais, a que o filósofo presidira na redação da *Revista de Occidente* até ao início da Guerra Civil, durante os anos de maior pujança do seu pensamento.[34] Na verdade, para além dos anfitriões, eram presenças habituais apenas

---

[29] MATTOSO, José (dir.) – *História de Portugal*. Vol. 7, ob.cit., p. 303.

[30] Cf. *ibid.*, p. 314 e ss.

[31] Cf. ORTEGA SPOTTORNO, Soledad (org.) – *José Ortega y Gasset: Imágenes de una vida (1883-1955)*. Madrid: Ministerio de Educación y Ciencia / Fundación José Ortega y Gasset, 1983, p. 54.

[32] MARÍAS, Julián – *Ortega. Las trayectorias*. Madrid: Alianza Editorial, 1983, p. 366.

[33] Cf. ORTEGA, Miguel – *Ortega y Gasset, mi padre*, ob. cit., p. 155.

[34] Essa famosa tertúlia da *Revista de Occidente*, na atual Gran Via, fora para Ortega, segundo a sua filha, *como o ar que se respira*. Cf. ORTEGA SPOTTORNO, Soledad (org.) – *José Ortega y Gasset: Imágenes de una vida (1883-1995)*, ob. cit., p. 45.

o militar Luís da Câmara Pina[35] e a esposa, Marta de Lima Mayer[36], o poeta Carlos Queirós[37] e Pedro de Moura e Sá, que foi assessor literário da Livraria Bertrand e um grande admirador de Ortega[38]. Para além de encontros no Café A Caravela, na Baixa lisboeta, esse grupo restrito teria um convívio mais íntimo e mais marcante nos serões passados em casa do casal Martins Pereira.[39]

---

[35] Luís da Câmara Pina (1904-1980) foi, após Licenciar-se em Matemática na Universidade de Coimbra, um engenheiro militar que teve uma carreira importante como Oficial do Exército. Membro da Assembleia Nacional em diversas Legislaturas até ao 25 de Abril de 1974 e considerado da fação mais conservadora do salazarismo, é possível que tenha influenciado Ortega quanto ao significado de António Salazar em Portugal. Os pares de Luís da Câmara Pina reconheciam-lhe unanimemente uma sensibilidade e conhecimentos invulgares de Literatura, História e Belas Artes, apesar das áreas científicas da sua formação académica.

[36] Marta Maria de Lima Mayer nasceu em Lisboa, em 1913, do primeiro casamento da irlandesa Sarah Buckley com Adolfo Lima Mayer Júnior, no seio, portanto, de uma família de distinta ascendência, tanto materna como paterna, conforme ilustrara o *Livro de Família* publicado pelo seu irmão mais velho, Filipe de Lima Mayer (Lisboa: Ed. de Autor, 1969 e II vol.,1991).

[37] Carlos Queirós (1907-1949) estudou Direito na Universidade de Coimbra e foi discípulo e amigo de Fernando Pessoa. Poeta do segundo modernismo português, ensaísta, crítico literário e de arte, colaborou, nomeadamente, com a *Presença*, durante dez anos. Dado que foi funcionário da Emissora Nacional, não nos espanta que, dactilografadas em papel identificando esta instituição, se encontrem, no Archivo José Ortega y Gasset, umas "Estrofes quase sem nexo / mas saudosamente versificadas / em honra de / D. José Ortega y Gasset / pensando no seu mui festejado / aniversário natalício / do ano sem graça / de 1949 /em / Lisboa" - cf. *Archivo José Ortega y Gasset*: PB-374/21-1. O poeta iria falecer em outubro desse mesmo ano.

[38] Pedro de Oliveira de Moura e Sá (1907-1959) era formado em Direito, pela Universidade de Coimbra. Conhecedor das grandes figuras da Literatura e da Filosofia em Espanha, terá reconhecido Ortega y Gasset numa visita deste à Livraria Bertrand. Certo é que desde 1939 se estabeleceu uma grande proximidade entre os dois, como prova, desde logo, uma carta escrita por Ortega, de Coimbra, ao seu "Amigo Moura", em 9 de maio daquele ano - cf. *Archivo José Ortega y Gasset*: carta 9655, CD-M/88. Tal como Carlos Queirós, ainda que com outro estatuto, Moura e Sá também colaborou – como crítico literário – na Emissora Nacional, que, pode dizer-se, foi "um local de encontro de vários intelectuais", nos primeiros anos da instituição, e onde se tornou, em 1941, chefe da Secção de Programas Literários. Cf. RIBEIRO, Nelson – "A Emissora Nacional: das emissões experimentais à oficialização (1933-1936)", *Comunicação & Cultura*, Lisboa, nº 3 (2007), p. 190.

[39] Para além desse grupo restrito, também Vitorino Nemésio, ainda que menos próximo e menos assíduo, participava, como lembraria na sua «Última Lição», em encontros à mesa de platónico banquete do casal Martins Pereira. Cf. GOUVEIA, Maria Margarida Maia (org.) – *Vitorino Nemésio. Estudo e Antologia*. Lisboa: Instituto de Cultura e Língua Portuguesa, 1986, p. 459.

Pedro de Moura e Sá deixou-nos registo dessa convivência, no seu livro *Vida e Literatura*[40]. Embora centre no pensador espanhol dois dos seus textos, «Ortega y Gasset, o Problema da Originalidade do seu Pensamento»[41] e «Sobre um Estudo de Ortega y Gasset»[42], é num capítulo dedicado a Carlos Queirós e à importância de Ortega na sua criação poética, que Moura e Sá testemunha, comovido, o significado profundo da estada do filósofo em Lisboa, nestes termos: "Todas as noites subia os quatro andares até à casa mágica do nosso amigo Dr. Martins Pereira e, ali, redescobria, para nós, os mundos da cultura, da experiência de vida intelectual, tudo a uma luz de aurora, porque nenhum dos amigos tinha situação universitária ou categoria oficial de escritor ou intelectual."[43] O autor destas palavras reveladoras de humildade perante Ortega possuía grande bagagem literária e deixou uma biblioteca pessoal considerável, de entre 25 a 30 mil volumes, sendo o espólio doado pelos seus herdeiros à Biblioteca Geral da Universidade de Coimbra de cerca de 19 mil livros[44]. Contudo, conta emocionado que "Ortega tinha lido todos aqueles livros que nós desejávamos ter lido e não podia haver ninguém mais distante daquilo a que alguns amigos nossos chamavam, com elegante gesto de desprezo – um livresco". E, prosseguindo o seu elogio autêntico,

---

[40] Cf. SÁ, Pedro de Moura e – *Vida e Literatura*. Lisboa: Livraria Bertrand, 1960. Também neste livro temos confirmação de que o autor conhecia pessoalmente Ortega desde 1939, porquanto, entre as pp. 382 e 383, numa reprodução com a legenda "Uma página do tomo V das «Obras Completas», de Ortega y Gasset, anotada por Pedro de Moura e Sá", pode ler-se, escrito à mão, no cimo da página inicial de «La estrangulación de "Don Juan"»: "Foi este o primeiro texto que me leu Ortega, em 1939, no Hotel Avenida de Coimbra."

[41] Cf. IDEM – «Ortega y Gasset, o Problema da Originalidade do seu Pensamento», in *ibid.*, pp. 73-76.

[42] Cf. IDEM – «Sobre um Estudo de Ortega y Gasset», in *ibid.*, pp. 207-210.

[43] IDEM – «Depoimentos sobre Carlos Queirós», in *ibid.*., p. 257.

[44] Para além da indicação do número de volumes integrantes do espólio doado, "particularmente rico na área da filosofia e da literatura", a Biblioteca Geral da Universidade de Coimbra disponibiliza ainda "online" informação sintética, segundo a qual o Dr. Pedro de Moura e Sá reuniu, ao longo da sua vida, "uma das maiores bibliotecas privadas no país em línguas românicas", abarcando, sobretudo "produção literária, histórica e filosófica da Europa contemporânea." Cf. http://www.uc.pt/bguc/DocumentosDiversos/MouraeSa.

acrescenta: "Ninguém mais penetrado de cultura, sem perder no convívio nada da frescura, da graça, às vezes quase ingénua, do homem, deslumbrado pelo real imediato, pelo encanto das pessoas agitando-se na luta para serem aquilo que são (...)."[45]

Moura e Sá conhecia a enorme projeção pública que Ortega tivera décadas antes, enquanto pensador, professor e publicista, o que talvez reforçasse a sua estima pela figura e pela generosidade de que o exilado, apesar do seu desenraizamento, ainda se mostrava capaz. Por isso escreve: "Não era o professor universitário, o filósofo convivendo com filósofos, o escritor rodeado de admiração e de discípulos – era o homem desintegrado do seu ambiente, uma espécie de Robinson que ia refazer, para nós, todos os quadros de convívio e simpatia."[46]

A experiência, lembrada como tendo algo de "proustiana"[47], decorria num "ambiente de constante criação de mitos" em que Ortega, segundo Moura e Sá, "com gratuitidade inteira, sem interesse nem de vaidade nem de compensação económica, se entregava, lùdicamente [sic], à maravilha de ver e de contemplar como iam vendo os outros homens. Não se tratava de conquistar posições nem de fazer livros – mas, apenas, de se abrir em simpatia para todo o mundo circundante e de dar a todos e tudo a sua máxima potencialidade expressiva, até ao ponto da transformação nessa realidade fortemente sublinhada, exagerada, que é o mito."[48] Esta longa citação das palavras de Moura e Sá parece-nos justificar-se, por permitir perceber a afirmação do autor de que em Lisboa Ortega foi, acima de tudo, "poeta, no sentido de construtor de mito"[49].

---

[45] Cf. SÁ, Pedro de Moura e – «Depoimentos sobre Carlos Queirós», in *Vida e Literatura*, ob. cit., p. 257.

[46] *Ibid.*.

[47] *Ibid.*, p. 259. Também por isso, certamente, "Ortega foi, para Carlos Queirós, a imagem viva da actividade intelectual como forma de simpatia, de entusiasmo, de interesse universal por todos e por tudo." *Ibid.*, p. 256.

[48] *Ibid.*, pp. 257-258.

[49] *Ibid.*, p. 259.

Jesús Herrero, que também se debruçou sobre a etapa portuguesa de Ortega, concorda com essa interpretação de Pedro de Moura e Sá, que cita longamente, tanto no artigo, em Língua Portuguesa, *Ortega em Lisboa*, que saiu na *Brotéria*, em 1991[50], como no artigo *Ortega y Portugal*, que publicara antes, em 1980, na revista *Arbor*[51]. Neste, bastante mais original e rigoroso, Jesús Herrero sublinha a função do mito *para operar o rejuvenescimento* do pensador espanhol e diz mesmo que, dada a idade de Ortega e o seu estado de convalescença em Lisboa – desta vez de um *mal da alma* –, o que aconteceu foi um *milagre*, uma espécie de *segunda juventude*, em que a *poesia da razão lírica* veio servir de tónico para o seu pensamento da razão vital e histórica.[52]

Certamente favoreceu essa possibilidade de revivificação do filósofo, a atmosfera cordial criada, para os numerosos encontros na sua residência, por Fernando Martins Pereira, um *grande bibliófilo e clínico*, um anfitrião *de alma aberta*, no juízo de Vitorino Nemésio, que, ao prefaciar o livro de Moura e Sá, refere ainda a *gentileza da dona da casa*[53]. Acarinhado e apreciado pelas suas qualidades intelectuais, Ortega podia curar-se naquele pequeno círculo de amigos do desapontamento que o

---

[50] Cf. HERRERO, Jesus – «Ortega em Lisboa», *Brotéria. Cultura e Informação*, Lisboa, Vol. 132, n.º 3 (1991), pp. 275-284.

[51] Cf. IDEM – «Ortega y Portugal», *Arbor. Ciência, Pensamiento y Cultura*, Madrid, Tomo CVII, n.º 420 (1980), pp. 329-340.

[52] Cf. *ibid.*, pp. 334-335.

[53] Cf. NEMÉSIO, Vitorino – «Prefácio», in *Vida e Literatura*, ob. cit., p. 22. A esposa do Dr. Martins Pereira, cujo apelido de solteira era Stromp, era já filha de um médico famoso (e irmã do conhecido desportista Francisco Stromp). Associada à "elite filantrópica nacional" – cf. *Boletim do IPO*, Lisboa, Vol. 1, n.º 3 (1934), p. 1 –, Octávia Stromp Martins Pereira era publicamente reconhecida como uma das "senhoras da nossa primeira sociedade" – cf. *Ilustração*, Lisboa, 14.º Ano, n.º 313, 1. I. 1939, p. 10. Embora estas expressões de apreço social de uma mulher fossem bastante limitadas na época e no panorama do regime salazarista, elas traduzem, apesar de tudo, um certo nível de distinção e de mérito a que a *delicadeza*, mencionada por Vitorino Nemésio, se vinha juntar. Se é verdade que as relações de Ortega com os seus convivas portugueses se mantiveram até ao fim da vida, foram as estabelecidas com o casal Martins Pereira as de maior familiaridade, como atesta a correspondência conservada no *Archivo José Ortega y Gasset* e em que se conta um elevado número de cartas dirigidas a Octávia Martins Pereira.

fizera regressar à Europa e, graças à por si comprovada hospitalidade portuguesa, retomar os seus esforços de pensador e escritor.

Já datado de junho de 1942, em Lisboa, o prólogo elaborado para o livro *Veinte años de caza mayor*[54], que seria publicado apenas no ano seguinte, revela a capacidade do filósofo de, mesmo em condições de trabalho que não eram para si normais, fazer uma aplicação da sua doutrina acerca da vida humana, acerca das perspetivas múltiplas em que a Realidade se revela e acerca dos requisitos metodológicos da compreensão da racionalidade do viver. Socorrendo-nos da apreciação de Julián Marías, o prólogo ao livro sobre caça do Conde Eduardo Yebes tem a importância acrescida de ser o primeiro uso intencional e patente do *método da razão vital* e um exemplo de *estudo filosófico rigorosamente sistemático* de Ortega y Gasset[55]. Na capital portuguesa, a meditação orteguiana continua fiel ao imperativo de compreensão que decorre da tese fundamental formulada em 1914 através da expressão "Yo soy yo y mi circunstancia, y si no la salvo a ella no me salvo yo"[56]. Assim, toma naquele prólogo, em particular, uma atividade que é um dos exemplos possíveis do que caracteriza o viver humano e procura chegar à plenitude do seu sentido.

Em primeiro lugar, a caça, enquanto ocupação que o ser humano escolhe, é geradora de felicidade e, sob várias perspetivas, converte-se numa arte ao serviço do conhecimento da Realidade. Historicamente, pode ser vista como um privilégio que exige educação da coragem e da disciplina. Em virtude destas qualidades adquiridas, é possível

---

[54] Cf. ORTEGA Y GASSET, José – «Prólogo a *Veinte años de caza mayor*, del conde de Yebes», in *Oc*, VI, pp. 269-333.

[55] Cf. MARÍAS, J. – «Vida y razón en la filosofía de Ortega», in *Obras*. Tomo V, Madrid: Revista de Occidente, 1969, p. 384.

[56] ORTEGA Y GASSET, José – *Meditaciones del Quijote*, in *Oc*, I, p. 757. Para maior desenvolvimento da tese correspondente, cf. AMOEDO, Margarida I. Almeida – «Circunstância: imperativo e doutrina em J. Ortega y Gasset», *Cultura. Revista de História e Teoria das Ideias*, Lisboa, II Série, Vol. XII (2000-2001), pp. 109-122.

chegar à destreza de uma prática que alcança a máxima dignidade de um *fazer*[57], no qual o ser humano, especificamente na função de perseguidor de uma presa, aceita renunciar à sua supremacia[58]. O caçador vivencia a necessidade da peça a caçar e assume que tem de se situar numa paisagem transmutada do usual e calmo horizonte no cenário dos movimentos dos animais, dos sons, da atenção e da tensão que se produzem durante a caçada e permitem sentir uma espécie de *vibração universal*[59]. Ortega recorre a uma riqueza enorme de metáforas para remeter o leitor ao âmbito da relação entre caçador e caçado. Ciente do valor do seu método para desvelar o real por entre a pluralidade

---

[57] Conforme Ortega explicitou em diversos textos, nem toda a *atividade* é propriamente um *fazer* ou ação humana em sentido estrito. "(...) todo lo que se hace, se hace para algo y por algo; estos dos ingredientes definen el hacer y gracias a ellos existe en el universo pareja realidad. Enorme error es confundirla con lo que suele llamarse actividad: el átomo que vibra, la piedra que cae, la célula que prolifica, actúan pero no «hacen»." ORTEGA Y GASSET, José – «Misión del bibliotecario», in *Oc*, V, p. 368. "El hacer (...) se compone de dos factores o ingredientes: 1º el ejercicio efectivo de una actividad que el hombre pose; 2º la voluntad de ejercitarla o quererla." IDEM – *RH44*, p. 657. Comprove-se o contexto desta citação, na Lição III adiante traduzida, em que Ortega se dedica longamente aos requisitos necessários para que uma atividade seja propriamente um *fazer*, relacionando a motivação da ação humana com a *situação* vivida e cuja inteligibilidade define o próprio ser humano, como Ortega acaba por reafirmar no final da Lição V, em Lisboa. Cf. ainda IDEM – «Prólogo a una edición de sus obras», in *Oc*, V, p. 94; IDEM – «El fondo social del *management* europeo», in *Oc*, X, pp. 446-447.

[58] Cf. IDEM – «Prólogo a *Veinte años de caza mayor*, del conde de Yebes», ob. cit., p. 287. No campo das ideias, os pensadores são destas, por analogia com a arte da caça, suas *presas*. Cf. IDEM – «El Intelectual y el Otro», in *Oc*, V, p. 625. Seja a propósito de caçar, ou de pensar, e quer acentue a perspetiva do caçador, quer a da presa, o interesse de Ortega é o de chegar à *mesmidade* de uma atividade, o que o leva a proceder fenomenologicamente. Em relação ao «Prólogo a *Veinte años de caza mayor*, del conde de Yebes», María del Carmen Paredes Martín sublinhou a *dimensão fenomenológica* do pensamento orteguiano, ali evidente numa peculiar "vuelta mundana a las cosas" e numa *redução histórica*, graças à qual há um "regreso hacia la génesis de la relación entre el cazador y la pieza". PAREDES MARTÍN, M.ª del Carmen – «Una vuelta mundana a las cosas: Prólogo a *Veinte años de caza mayor*», *Revista de Occidente*, Madrid, nº 144 (1993), p. 152 (cf. o artigo integral, pp. 138-153). Por seu turno, Javier San Martín, que desde há décadas tem defendido a necessidade de aprofundar a relação de Ortega com a Fenomenologia, sustenta mesmo a fecundidade de interpretar o filósofo espanhol como um fenomenólogo e de compreender que a sua filosofia é fenomenologia. Cf., ex., SAN MARTÍN, J. – *La fenomenología de Ortega y Gasset*. Madrid: Fundación José Ortega y Gasset - Gregorio Marañon / Biblioteca Nueva, 2012.

[59] Cf. ORTEGA Y GASSET, José – «Prólogo a *Veinte años de caza mayor*, del conde de Yebes», ob. cit., p. 302.

de facetas que a vida assume, o filósofo prova, através da redação deste prólogo, o poder da razão vital e histórica, e, a dado passo, quase ouvimos mesmo o ladrar dos cães[60], numa abordagem que não se escusa às considerações éticas que a caça suscita[61].

Ainda antes do curso que visamos enquadrar, Ortega vive em Lisboa um ano importante. Em primeiro lugar, é de 1943 um outro prólogo, ao livro *Aventuras del Capitán Alonso de Contreras*[62], em que o nosso autor volta ao exercício de exprimir a dramaticidade que estrutura a vida humana nas suas diversas formas, embora sob um pretexto diferente e tomando por pano de fundo a história espanhola dos Séculos XVI e XVII. Alonso de Contreras surge, mediante a razão narrativa, como o paradigma do *aventureiro*, do *puro homem de ação*[63], alguém que segundo a meditação de Ortega se afasta diametralmente do que se exige de uma vida com sentido, pois a sua ousadia insensata, se não o impede de a dada altura se tornar Capitão, condu-lo a uma série de situações absurdas, inesperadas e espantosas. Entregue a um viver sem projeção do futuro, sem decisão do agir segundo finalidades, sem, em suma, racionalidade, Alonso de Contreras é uma contra-figura do que o filósofo entende ser a vida escolhida, com argumento único e, portanto, signo humano, por assentar numa ponderada descoberta da *vocação*[64].

---

[60] Cf., em especial, o subcapítulo intitulado «De pronto, en este prólogo, se oyen ladridos», in *ibid.*, pp. 300-306.

[61] Cf. «Caza y ética», in *ibid.*, pp. 307-315. Cf. também sobre este tema o juízo de Santiago Muñoz Machado, no «Prólogo», in *Sobre la caza*. Ed. de Jesús Sánchez Lambás y Pedro Pablo Munilla con presentación de José Varela Ortega. Madrid: Fundación José Ortega y Gasset/Fundación Amigos de Fuentetaja, 2008, pp. 15-55 (sobretudo na p. 42).

[62] Cf. ORTEGA Y GASSET, José – «Prólogo a *Aventuras del Capitán Alonso de Contreras*», in *Oc*, VI, pp. 334-352.

[63] Cf. *ibid.*, p. 347.

[64] Cf. *ibid.*, p. 346. Para compreender a proposta orteguiana de reabilitação do conceito de *vocação*, é importante atender a estas palavras de um texto de 1929: "No hay vida sin vocación, sin llamada íntima. La vocación procede del resorte vital, y de ella nace, a su vez, aquel proyecto de sí misma, que en todo instante es nuestra vida."

Data também de 1943, a elaboração por Ortega de um estudo sobre Velázquez, para integrar uma publicação da editora suíça Iris Verlag.[65] Na abertura do volume publicado pela Revista de Occidente, em 1950, sob o título *Papeles sobre Velázquez y Goya*, o próprio Ortega dá conta das vicissitudes que afetaram esse ensaio que, centrado na época, na técnica e na vida concreta do pintor, escreveu em Lisboa. Por não dispor dos seus livros, nem de bibliotecas bem apetrechadas por perto, teve de recorrer ao empréstimo privado de algumas fontes *imprescindíveis*[66] e de se dedicar pacientemente a investigar o assunto, desfrutando de uma grande concentração, que o ambiente lisboeta lhe permitia e de que há muito se tinha desabituado.

A par das leituras e da escrita, o filósofo procura retomar em Portugal o empreendedorismo editorial que o caracterizara desde jovem, como quando fundou, em 1915, a revista *España*, ou quando, no início da década de vinte, colaborou na criação da Editorial Calpe e dirigiu a sua coleção «Biblioteca de Ideas del Siglo XX», ou ainda quando criou, em 1923, a *Revista de Occidente*, que viria a ser semente da editora com o mesmo nome e se tornaria numa das suas maiores

---

IDEM – «Intimidades», *El Espectador VII*, in *Oc*, II, p. 748. Nesta ocasião, como noutras, o autor sublinha a diferença de extensão do conceito quando usado apenas relativamente ao cargo e à carreira profissional de alguém. "A veces la vocación del individuo coincide con las formas de vida, que se denominan según los oficios o profesiones. Hay individuos que, en efecto, son vitalmente pintores, políticos, negociantes, religiosos. Hay muchos, en cambio, que ejercen esas profesiones sin *serlas* vitalmente" *Ibid*.. Cf. também IDEM – «[¿Qué es la vida? Lecciones del curso 1930-1931]», in *Oc*, VIII, pp. 438-439. Em texto de 1935, encontramos uma das definições mais claras do conceito em análise e em que se reúnem, sinteticamente, diversos elementos fundamentais da teoria da vida de Ortega: "Esta llamada que hacia un tipo de vida sentimos, esta voz o grito imperativo que asciende de nuestro más radical fondo, es la vocación." IDEM – «Misión del bibliotecario», ob. cit., p. 350. Tratámos anteriormente deste tema, nomeadamente em AMOEDO, Margarida I. Almeida – «A vida humana como *problema* e *projecto* em J. Ortega y Gasset», in *A Vida como Projecto. Na senda de José Ortega y Gasset*. Évora: Escola de Ciências Sociais da Universidade de Évora, 2014, pp. 51-61.

[65] Cf. ORTEGA Y GASSET, José – «Velázquez», in *Papeles sobre Velásquez y Goya*, in *Oc*, VI, pp. 625-654.

[66] Cf. *ibid*., p. 605.

fundações[67]. Após os malogrados projetos editoriais que Ortega tinha tido na etapa argentina do seu exílio[68], ganha especial relevo o seu intuito de lançar em Lisboa a Editorial Azar[69], cujo propósito seria o de publicar livros originais ou traduzidos em castelhano. No âmbito desse projeto e com o apoio financeiro, sobretudo, de Gregorio de Diego Curto[70], foi publicada na coleção «Conocimiento del Hombre», em 1943, a obra *Homo Ludens*, de Huizinga. As dificuldades vividas naquela época são assumidas, nas não numeradas páginas finais do volume[71], pelo *diretor da coleção* (ou seja, Ortega) e terão ditado a interrupção da iniciativa logo após ter começado a dar fruto. Nem por isso deixa de ser de assinalar, uma vez que comprova a continuidade da aventura pedagógica do filósofo[72], mesmo nas etapas mais difíceis da sua biografia.

Em 1944, acabam, finalmente, por ser reunidas as condições institucionais para que Ortega colabore com a Universidade de Lisboa. Estava previsto um curso de dez lições, mas, como dissemos na «Nota de Abertura», apenas foram dadas cinco, por problemas de

---

[67] Tomamos o termo usado por Luzuriaga para mencionar os grandes empreendimentos de Ortega que, como nos diz, absorviam toda a sua alma e todas as suas energias. Cf. LUZURIAGA, Lorenzo – «Las fundaciones de Ortega y Gasset», in *Homenaje a Ortega y Gasset*, Caracas: Instituto de Filosofía - Facultad de Humanidades y Educación de la Universidad Central de Venezuela, 1958, pp. 33-50.

[68] Parece oportuno voltar a remeter para o artigo CAMPOMAR, Marta – «Ortega y el proyecto editorial de Espasa Calpe Argentina», citado *supra*, n. 19.

[69] O termo castelhano "azar" tem um significado muito mais amplo do que o termo equivalente da língua portuguesa que apenas exprime sentido pejorativo. O próprio Ortega alude a esta diferença entre as duas línguas, na Lição I do curso realizado em Lisboa – cf. *RH44*, p. 636.

[70] Gregorio de Diego Curto era um industrial de Salamanca de quem Ortega se tornou amigo. Cf. ORTEGA, Miguel – *Ortega y Gasset, mi padre*, ob. cit., p. 169, p. 171 e p. 174.

[71] Cf. HUIZINGA, J. – *Homo Ludens. El juego como elemento de la historia*. Lisboa: Editorial Azar, 1943. Cf. ORTEGA Y GASSET, José – *Oc*, VI, pp. 353-354.

[72] Procurámos sustentar e ilustrar longamente essa continuidade, no nosso supracitado *José Ortega y Gasset: A Aventura Filosófica da Educação*.

saúde do professor[73]. O "Curso prático do Prof. Gasset", como é designado a encabeçar uma lista à partida de 38 inscritos[74], viria a ter uma assistência muitíssimo mais vasta do que o esperado – tal como aconteceu ao orador noutras ocasiões e noutros países –, pelo que foi necessário substituir o espaço da Universidade de Lisboa por um salão na Sociedade de Geografia.[75] Em Espanha, cujos dirigentes estavam antecipada e diplomaticamente informados do curso[76], houve também ecos imediatos da sua concretização. Mais

---

[73] Também a este propósito podemos citar o testemunho de Pedro de Moura e Sá, segundo o qual o "curso foi interrompido pela doença, uma gripe de mau carácter que lhe provocou a paralisia das pernas e se arrastou por muitas semanas." SÁ, Pedro de Moura e – *Vida e Literatura*, ob. cit., p. 259. O encadeamento de perturbações então sofridas por Ortega terá sido a razão para que o curso não fosse retomado, após tão longa convalescença. Em março de 1945, Ortega pedirá mesmo, através do Diretor da Faculdade de Letras, a rescisão do seu contrato com a Universidade de Lisboa, referindo-se aos repetidos problemas de saúde – cf. correspondência com Oliveira Guimarães, no *Archivo José Ortega y Gasset*: carta 9748, CD-O/53; carta 10836, C-125/27; e carta 9749, D-204. E em junho do mesmo ano, em carta a Gregorio Marañón, registará: "Yo, desgraciadamente, he perdido casi todos estos meses – después de convalecer de la polineuritis – en una serie de pequeñas perturbaciones que se han encadenado unas en otras y me han descompaginado por completo y en tanto la existencia." Cf. *Epistolario inédito: Marañón, Ortega y Unamuno*. Ed. crítica de Antonio López Vega. Pozuelo de Alarcón: Espasa, 2008, p. 213.

[74] Cf. documento PB-374/6, no *Archivo José Ortega y Gasset*. Entre os nomes ali registados contavam-se, para além dos já Doutores Délio Santos, Delfim Santos e António José Brandão, vários Licenciados(/-as) e alguns nomes de futuras personalidades de relevo em diferentes campos da vida nacional (como, ex., Mário Soares, que nos confirmou ter frequentado o Curso quando era estudante de Ciências Histórico-Filosóficas). Estamos a admitir que esta lista, em que não constam apenas nomes de estudantes, não será a dos assistentes ao *pequeno seminário de filosofia* a que se refere Eve Giustiniani na *Revista de Estudios Orteguianos*, Madrid, nºs 14/15 (2007), p. 47.

[75] Vieira de Almeida, cujo nome não consta da referida lista (o que não espanta, uma vez que, tendo entrado em 1922 como Docente na Secção de Filosofia da Faculdade, era já naquela altura um Professor *sénior*), começa os seus registos acerca das lições a que assistiu como *ouvinte*, dando precisamente conta da dimensão do auditório: "Convidado – e contratado – pela Faculdade de Letras de Lisboa a fazer um curso livre de filosofia, Ortega y Gasset, pela sua justa fama de escritor, atraiu tão numeroso público, empenhado em ouvi-lo, que houve necessidade de transferir para mais amplo recinto – a Sociedade de Geografia – o local das lições, insensivelmente transformadas (não por ele mas pelos ouvintes) em conferências a um auditório heterogéneo, onde os estudantes da Faculdade estão em minoria." ALMEIDA, Vieira – «O curso de Ortega y Gasset», *Diário Popular*, 20. XII. 1944, in *Obra Filosófica*. Tomo II. Lisboa: Fundação Calouste Gulbenkian, 1987, p. 615.

[76] Para as fontes a este respeito (correspondência oficial do Cônsul de Espanha em Lisboa e do Adido Cultural Adjunto da Embaixada de Espanha em Lisboa), cf. ZAMORA BONILLA, Javier – *Ortega y Gasset*, ob. cit. p. 612, n. 84.

eloquente do que as breves notas saídas na imprensa portuguesa é a referência à primeira lição feita pelo correspondente em Lisboa do jornal *ABC*, em cumprimento do que considera ser o seu *dever de registar a emoção com que toda aquela escolhidíssima assistência* seguiu a primeira lição de Ortega. Marino Rico enuncia a presença de *catedráticos, financeiros, políticos, portugueses conhecidíssimos, diplomatas de todos os países acreditados* em Lisboa, *aristocratas, artistas, alto clero*, para ilustrar quão heterogéneo e seleto era o auditório e, ao mesmo tempo, para se assumir como um dos *seres privilegiados* por ter convite e poder aceder à aula do filósofo[77].

No dia da abertura do curso, em 20 de novembro, a anteceder a intervenção de cerca de uma hora de Ortega, Oliveira Guimarães, o Diretor da Faculdade de Letras, apresentou elogiosamente o professor espanhol, como *filósofo da vida contemporânea* e depositário de *um dos mais altos valores com que a Humanidade pode contar*[78], comparando a importância daquele ato para a Universidade de Lisboa com a de um outro, ocorrido no final do Século XVI, quando o teólogo espanhol Francisco Suárez veio ocupar uma cátedra na Universidade de Coimbra.[79]

À colação de tão grande encómio, Ortega podia começar as suas lições com uma abordagem do significado de ser intelectual naquele tempo, um dos temas de que se ocupava há anos. Quer dizer, ao mesmo tempo que se dava a conhecer a si mesmo, à sua condição num período do mundo desfavorável à inteligência, demonstrava um estilo de reflexão sobre a vida em circunstância, perante um auditório que ainda não tinha tido oportunidade de o ouvir, nem tão-pouco, no caso de muitos dos presentes, de ler textos seus.

---

[77] Cf. RICO, Marino – «Una lección de Ortega y Gasset», *ABC*, Madrid, 22. XI. 1944, p. 16.

[78] Cf. *ibid.*.

[79] Cf. *ibid.*. Conforme Javier Zamora já comentou, essa comparação agradou certamente a Ortega, que reconhecia Francisco Suárez como *um dos grandes pensadores que houve no passado europeu e de uma influência enorme*, nomeadamente em Descartes e Leibniz (cf. *RH40*, p. 538). Cf. ZAMORA BONILLA, Javier – *Ortega y Gasset*, ob. cit. p. 453.

A inteligência, afirma o filósofo na sua primeira lição, não é algo que tenhamos como uma propriedade. Por isso, ninguém pode estar seguro de ser inteligente; aliás, estar alerta quanto à possibilidade ou risco de agir de forma não inteligente é a única maneira de contribuir para evitar a estupidez. Depois de uma referência à mudança da situação do intelectual, após quase dois séculos de enorme reconhecimento da sua elevada posição na sociedade, Ortega começará a explicitar como missão do intelectual a de ser essencialmente *vox clamantis in deserto*, assumindo a solidão enquanto o seu modo mais perfeito de ser. Ao considerar a linhagem histórica dos intelectuais gregos, o professor, que nomeia Parménides e Heraclito como os *fundadores da filosofia*, aproveita para sustentar a sua conceção de que compreender o humano, em qualquer das suas manifestações, factos, atividades, requer uma deslocação racional ao seu momento originário. Começa, então, a identificar o que há de específico no método intelectual e em que consiste historicamente a sua novidade.

No dia 23 de novembro, Ortega retoma a sua dissertação, antepondo-lhe algumas considerações sobre as obrigações de rigor que o curso, por ser de Filosofia, lhe impõe. Sublinhando a distinção entre *existência* e *consistência*, e entre *ser* e *ter sido*, o filósofo propõe-se expor aos seus ouvintes uma teoria com consistência filosófica e com uma existência efetiva, quer dizer, um filosofar autêntico, atual, em que se conserva e ao mesmo tempo se supera a filosofia passada. Retomando o fio da lição anterior, o professor volta a referir o método do intelectual, por contraste com o método do visionário, embora ambos os métodos visem permitir ao ser humano aceder à realidade latente e secreta, que está para além do mundo imediato. Ortega vai dedicar bastante tempo a esclarecer, sobretudo, dois exemplos históricos de procura, não visionária e delirante, mas lúcida, de racionalização. Evidenciará, então, que, tal como os profetas em Israel, os filósofos são no Ocidente aqueles que descobrem em solidão a verdade das coisas, que se revela oposta à opinião pública, o que faz com que a impopularidade marque sempre o destino do intelectual. A missão desta espécie de artesão, que educa em si mesmo a técnica de abertura à evidência, é afinal a de agir contra e simultaneamente seduzir a opinião pública.

Só passada uma semana, no dia 30 de novembro, Ortega prosseguirá a sua meditação sobre o papel ingrato e árduo de todo o intelectual e, mais ainda se, como era o seu caso, o modo como se mostra e o estilo da sua escrita não quadram com o estereótipo de filósofo. A denúncia da inautenticidade que mina as imagens preconcebidas de quaisquer vocações e profissões pode ler-se, no âmbito da terceira lição, como resposta às interpretações do seu pensamento como "literatura", interpretações que o pensador espanhol sugere resultarem de provincianismo e até ignorância da questão do *genus dicendi* em Filosofia. Sobretudo na Universidade parece haver uma dificuldade acrescida de acolher como filósofo, como professor, alguém cujo estilo seja diferente de um certo tipo. Não corresponder a esse tipo esperado é, por conseguinte, ser equívoco, escapar a uma classificação canónica e a uma imagem oficial, o que não significa a respeito de Ortega prescindir da cátedra a partir da qual realiza o seu trabalho. Sem deixar de se tomar a si mesmo e à sua filosofia como exemplo, define a atividade filosófica como estrutura com elementos constantes e elementos variáveis, sendo a *vontade* de exercitar tal atividade, por uma razão ou *motivo* compreensível numa dada *situação* e com uma *finalidade*, os elementos constantes que garantem o seu carácter de *fazer*[80]. Consoante as mudanças ocorridas na situação, assim se impõem necessidades várias ao filosofar e assim é diferente a situação da própria Filosofia. Lançando mão do diagnóstico da crise das ciências feito por Husserl, Ortega refere-se à mais radical das modificações então sentida, pois trata-se, não só da mudança da situação social do intelectual e da inteligência, da quebra da crença dos cientistas no que fazem, mas mesmo do ruir dos grandes e mais firmes pilares da fé na razão.

---

[80] Cf. n. 57, *supra*.

Tanto a crise dos fundamentos da Física, da Matemática e da Lógica, como a crise do Direito (que são objeto da última parte da Lição III) dão à situação, agudamente atual em 1944, os traços que levam Ortega, na lição seguinte, do dia 7 de dezembro, a considerar que, perante o desmoronar da arquitetura geral do mundo e da humanidade, resta ao ser humano refletir sobre o seu viver. Na situação extrema atingida, comparável a uma queda no vazio, a filosofia tem de assumir a tarefa de realizar a teoria indispensável acerca do essencial da vida de cada um, tem de reagir intelectualmente à perda, em particular, da confiança herdada do Iluminismo e das diretrizes até há pouco tempo vigentes. Ortega irmana-se com Descartes, na medida em que, tal como este encontra na dúvida o primeiro ponto seguro do seu método, a "nossa vida" é para si a realidade inquestionável, a mais elementar e prévia, em que já estamos quando pensamos seja o que for e da qual podemos partir. Embora referindo que a tradição filosófica, com exceção de Dilthey, não reconheceu à vida humana essa importância, o professor espanhol assinala-lhe o estatuto de realidade radical, segundo uma doutrina nuclear no seu pensamento e que resume perante o grande auditório reunido em Portugal. Diferentemente de Descartes, que ainda contava com as noções da filosofia escolástica, Ortega conta apenas com a *experiência da vida*, ou seja, com o sentido acumulado em certas expressões da linguagem familiar para rastrear o saber vital, que é, afinal, saber acerca da vida que a própria vida encerra. A filosofia que propõe desvela, através do que designa por *Biognosis*, a vida humana como biografia, ou melhor, autobiografia, como drama intransferível, como viver nu e concreto, em que cada um se encontra qual náufrago submerso ou em permanente encruzilhada, dependendo, porém, de escolhas suas, o caminho que a todo o momento toma.

No dia 14 de dezembro, na que viria a ser a última lição do curso, Ortega começa por alertar, uma vez mais, para o carácter eminentemente histórico do filosofar e esclarece que, não obstante não poder compaginar-se com o intelectualismo, nem com o racionalismo, compreender a vida humana é uma tarefa racional. No seu *radicalismo*, a filosofia, sobretudo a contemporânea, distingue-se dos outros modos de conhecer, nomeadamente das ciências particulares, cuja crise de fundamentos punha à vista, aliás, a necessidade de um *método novo* ou uma *nova razão*. A situação de fracasso a que a inteligência tinha chegado, tanto no plano teórico das *ciências exemplares*, como no prático da *orientação* da vida pessoal, é caracterizada por Ortega como especificamente filosófica, na medida em que requeria uma análise profunda dos aspetos e problemas diversos desses dois planos, e construir os princípios de que poderia surgir uma nova metodologia; requeria uma filosofia à altura do seu tempo, ou seja, uma reação intelectual à situação extrema e adversa à *cultura racional* em que o ser humano se encontrava no Ocidente. A própria teoria orteguiana acerca da vida humana permitia identificar o que noutras ocasiões designou por razão vital e histórica, e agora mencionava como a necessidade decisiva de saber o que fazer naquelas circunstâncias, de encontrar, não apenas alguma consolação, mas antes motivos para justificar as escolhas preferíveis naquele contexto. Retomando a sua conceção do *fazer* apresentada na Lição III e uma imagem que há muito lhe era cara, o filósofo refere-se especialmente ao homem contemporâneo como uma espécie de seta disparada e sem alvo, sem saber para onde vai, nem nos campos da política, da ciência e das artes, nem nos campos da economia, do trabalho e da vida familiar. A última afirmação do curso em Lisboa acaba por ser a de que a vida humana, entendida como a vida de cada pessoa, carece de orientação e, portanto, são necessárias *instâncias últimas*. Ortega apontava assim o carácter crítico e a razão profunda da situação então vivida pela Europa.

    O filósofo espanhol começou ainda a preparar por escrito uma sexta lição, em que iniciaria precisamente por aludir à doença que o tinha feito interromper, e nalguma medida desperdiçar, o encadeamento dos esforços de compreensão filosófica anteriormente realizados. Apesar disso, projetava sublinhar o significado histórico da perda de fé na razão pelos europeus e, tanto quanto as respetivas notas preparatórias nos permitem verificar – de acordo, aliás, com o todo da sua obra –, alertar para a importância vital e o valor imperativo para os seres humanos de uma racionalidade aberta e plural.

O pensador da vida humana concreta termina as suas lições, no curso de 1944 sobre *La razón histórica*, indiciando que esta se define tal como a Vida de que é função e permite ir além, tanto da razão fechada e abstrata do Racionalismo, do Idealismo e do Intelectualismo, quanto do Irracionalismo, que também é contrário às conceções metafísicas e antropológicas de Ortega. Em tais conceções, a razão tem a consistência humana, pelo que, vital e histórica, é capaz de dar conta do encontro sempre peculiar dos indivíduos e dos povos com as suas circunstâncias. Graças à sua exposição, alargava-se agora o número de portugueses com acesso às doutrinas orteguianas, que, como dissemos já, poucos conheciam anteriormente.[81]

A esse respeito, Vitorino Nemésio, um dos promotores do acolhimento de Ortega na Universidade de Lisboa, era há muito uma exceção.[82]

---

[81] Não obstante, Ortega y Gasset faz parte da escassa dúzia de livros em espanhol que restou da biblioteca pessoal de Fernando Pessoa, falecido em 1935. Cf. SÁEZ DELGADO, Antonio – «La edad de oro, la época de plata y el esplendor del bronce. El *continuum* de la modernid y la vanguardia (1901-1935)», in *RELIPES: Relações linguísticas e literárias entre Portugal e Espanha desde o início do século XIX até à actualidade*. Salamanca: CELYA, 2007, p. 145. Por seu turno, Miguel Torga referiu-se até a Ortega, na entrada de 6 de agosto de 1942 do seu *Diário*; no entanto, numa data em que o filósofo espanhol se encontrava já a viver em Lisboa, o escritor-médico não menciona este facto, remetendo, sim, para *El tema de nuestro tiempo*, para a sua "admirável crítica ao racionalismo, no que ele tem de seco e desvitalizante" e considerando o seu autor "um dos maiores entendimentos que a Península deu". TORGA, Miguel – *Diário – 2*. Coimbra: [s.n.], 1960, pp. 49-50. Outros escritores reconheceriam mais tarde a importância de Ortega em associação, sobretudo, às edições da Revista de Occidente, como foi o caso de Jorge de Sena que, mais do que uma vez, sublinhou o significado das traduções de Dilthey e de outros autores alemães tornados acessíveis graças à iniciativa orteguiana. Cf. SENA, Jorge de; FERREIRA, Vergílio – *Correspondência*. Lisboa: Imprensa Nacional - Casa da Moeda, 1987 [d.i], p. 49 (carta de 16. VII. 1961, a Vergílio Ferreira); SENA, Jorge de – «Rainer Maria Rilke, Post-Simbolista», *Nova Renascença*, Porto, 35-38 (1989-1990), p. 502.

[82] Vitorino Nemésio conheceu Ortega numa viagem a Espanha do Orfeão Académico de Coimbra. Cf. NEMÉSIO, Vitorino – «Última Lição», in *Vitorino Nemésio. Estudo e Antologia*, ob. cit., p. 459. E em 1924, sendo ainda estudante na Universidade de Coimbra, entrevistou o filósofo, em Madrid. O escritor açoriano refere-se às circunstâncias desse

A sua compreensão da obra do pensador madrileno era pública, desde pelo menos 1929, através de um artigo escrito para a *Seara Nova*.[83] Num momento em que Ortega ainda não tinha a projeção internacional que escritos como *La rebelión de las masas* lhe iriam granjear, Nemésio mostra conhecer o significado da meditação orteguiana e o interesse, por exemplo, do curso *¿Qué es filosofía?*, que, integralmente, apenas viria a ser publicado em 1957. Para além de se referir à *seriedade* e à *largueza da rara cultura* do filósofo sobre quem se debruça[84], salienta: "Com o risco inerente a tôdas as vagas súmulas, o pensamento de Gasset pode entender-se assim: o universo é uma série de planos inexgotáveis [sic]. Contra as ideias preponderantes no século XIX, que velozmente enfiavam das duas centúrias anteriores, a verdade não tem nada de substantivo nem brota de uma raiz especìficamente [sic] racional: é antes uma especial relação entre sujeito e objecto, que se estabelece e varia tantas vezes quantas as posições tomadas pelo sujeito em face ao objecto *mentado*." E, em resumo, acrescenta: "O conhecimento cifra-se, pois, numa variedade de perspectivas. (...)"[85]

Nemésio destaca Ortega como alguém que, pelos seus propósitos, método e estilo, se assume como mero *provocador do desenvolvimento cultural* e, no entanto, mesmo numa "escala de valores em que não entre o condicionalismo nacional, é também grande entre os grandes"[86]. Sugerindo a necessidade de que em Portugal se cumprisse igualmente o papel, em termos de *previdência intelectual*, desempenhado por Ortega junto dos seus contemporâneos, em particular junto dos

---

encontro, a tendências culturais em Portugal e Espanha, bem como à relevância que a meditação sobre os livros do filósofo espanhol tinha para si, numa interessante carta, escrita em Coimbra em 1929, antes, portanto, da sua ida para Lisboa. Cf. Carta de Nemésio a Ortega, com data de 12. IV. 1929, no *Archivo José Ortega y Gasset*: carta 2227, C-68/9a.

[83] Cf. NEMÉSIO, Vitorino – «Ortega y Gasset», *Seara Nova. Revista de Doutrina e Crítica*, Lisboa, Ano VIII, n.º 175, 22. VIII. 1929, pp. 106-107.

[84] Cf. *ibid.*, p. 107.

[85] *Ibid.*, p. 106.

[86] *Ibid.*, p. 107.

seus compatriotas, Nemésio vaticina, por fim, que "se há homens a quem a Espanha futura será grata, Ortega y Gasset é um dêles [sic]"[87].

Não admira que, quinze anos depois, o professor português se tenha empenhado em ter o filósofo na Universidade de Lisboa, onde, entre outras disciplinas, ensinava Literatura Espanhola. No ano em que publica nada menos que *Mau Tempo no Canal*, Nemésio é anfitrião na sua Universidade daquele a quem, muito mais tarde, poderá chamar "saudoso mestre José Ortega y Gasset"[88] e até, precisando a proximidade entretanto alcançada, referi-lo como "mestre e amigo Ortega y Gasset"[89].

O significado do curso de Lisboa sobre *La razón histórica* foi por José Lasaga Medina resumido como *a última explosão criadora de Ortega*[90], uma vez que, se é verdade que retoma os temas do filosofar e do filósofo, no quadro da crise da inteligência como prova do fim do Iluminismo, é igualmente verdade que interroga *o que é a filosofia?, vendo esta como fenómeno humano, como pensamento que determinados autores produziram numa data e que, numa outra, dará lugar a outra forma de pensar*. Ortega realiza, pois, uma *historicização da filosofia*[91], que, segundo Lasaga, subjaz doravante a um conjunto de textos, o mais importante dos quais é *La idea de principio en Leibniz y la evolución de la teoria deductiva*[92]. Basta pensar neste livro, em grande parte escrito em Portugal, em 1947, para entender a relevância do que o filósofo espanhol ainda desenvolveria em Lisboa, depois do interrompido curso universitário. Este não seria retomado, quer pela doença a que

---

[87] *Ibid.*.

[88] IDEM – *Era do Átomo / Crise do Homem*. Lisboa: Imprensa Nacional - Casa da Moeda, 2003 («Obras Completas», Vol. XXII), p. 59.

[89] *Ibid.*, p. 95.

[90] Cf. LASAGA MEDINA, José – *José Ortega y Gasset (1883-1955). Vida y filosofía*. Madrid: Editorial Biblioteca Nueva / Fundación José Ortega y Gasset, 2003, p. 161.

[91] Cf. *ibid.*.

[92] Cf. IDEM – *La idea de principio en Leibniz y la evolución de la teoria deductiva*, in *Oc*, IX, pp. 927-1174.

já aludimos, quer talvez pelo facto de no verão de 1945 ter começado uma nova etapa na vida de Ortega.

Depois de quase nove anos fora de Espanha, o filósofo reentra no país e dirige-se a Zumaya, a estância balnear basca em que a família costumava, antes da guerra civil, passar longos períodos de férias estivais. Só no final dessa viagem Ortega passa por Madrid, onde, após tantas mudanças ocorridas na última década, volta a arranjar casa, para usar durante as temporadas que irá passar na sua cidade natal. Doravante, já não se poderá falar propriamente da *etapa portuguesa do exílio* do filósofo espanhol; contudo, manterá a casa de Lisboa[93] e será esta, até morrer, em 1955, a sua residência oficial.

Sabemos, por uma carta citada pelo filho mais velho[94], que em janeiro de 1946 Ortega está de regresso à capital portuguesa, onde reencontra a calma e a concentração, para retomar a escrita, nomeadamente, de um epílogo, que começara em 1943, para a segunda edição da *Historia de la Filosofía*, de J. Marías[95]. O passado filosófico,

---

[93] Sita na Avenida 5 de Outubro, n.º 10, para ela tinham vindo, em 1943, os móveis e livros de Madrid. A casa pertencia a Gregorio de Diego Curto – cf. n. 70, *supra* – e foi, depois da pensão em que se instalou à chegada da Argentina e de um andar mobilado na Rua S. Bernardo, o endereço de Ortega em Portugal. A casa seria desfeita só após a sua morte, estando no Arquivo da Fundación José Ortega y Gasset a «Lista de muebles, enseres domésticos, ropas y libros» que então foram remetidos de Lisboa e incluíam «353 paquetes de libros envueltos y numerados de 1 a 353». *Archivo José Ortega y Gasset*: PB-398/6.

[94] Cf. ORTEGA, Miguel – *Ortega y Gasset, mi padre*, ob. cit., p. 176.

[95] Trata-se de um texto que se foi tornando demasiado longo para o propósito editorial inicial e que Ortega, que não chegou a rematá-lo, foi intercalando com diversas tarefas. Seria publicado postumamente, associado a uma outra reflexão sobre o aparecimento do filosofar na história, sob o título Origen y Epílogo de la *filosofía*. Também assim foi publicado na *edição do centenário*. Cf. ORTEGA Y GASSET, José – *Origen* y Epílogo de la filosofia, in *Oc83*, IX, pp. 345-434. No entanto, dado que em 1953 Ortega publicou em alemão, num livro de homenagem a Karl Jaspers, quase todo o escrito preparado como *Origen de la filosofía*, no capítulo intitulado «Stücke aus einer "Geburt der Philosophie"», a nova edição das *Obras completas* de Ortega apresenta (no Tomo VI) a tradução deste texto («Fragmentos de *Origen de la filosofía*»), separadamente, por não ser póstumo, ao contrário de *Epílogo de la filosofía* e do capítulo não publicado no livro dedicado a Jaspers em 1953 e intitulado «La filosofía parte a la descubierta de otro mundo», que surgem num dos volumes de textos póstumos e inéditos (no Tomo IX). Cf. ORTEGA Y GASSET, José – *Epílogo de la filosofía*, in *Oc*, IX, pp. 581-620, IDEM – «La filosofía parte a la descubierta de otro mundo», in *ibid.*, pp. 715-720, e IDEM – «Fragmentos de *Origen de la filosofía*», in *Oc*, VI, pp. 847-879.

que este discípulo orteguiano expusera nessa sua divulgadíssima obra, serve ao seu mestre de acicate à meditação sobre o carácter de *verdades insuficientes ou parciais* das filosofias pretéritas, que, apesar disso, são ingredientes *absorvidos* na filosofia atual[96].

Em *Epílogo de la filosofía*, Ortega repensa o passado enquanto constituinte do ser humano e prolonga a reflexão, do «Prólogo a *Historia de la filosofía*, de Émile Bréhier»[97], quanto à necessidade de *altruísmo intelectual* e de *sentido histórico*, para apreender a série dialética dos sistemas anteriores. Numa reflexão típica da fase mais madura do pensamento orteguiano[98], é central a preocupação com a atividade filosófica e com a sua história, recorrendo à ideia de uma espécie de *regresso à origem* que não se fica pela filosofia já feita e revela o filosofar, em cada autêntico filósofo, como um progredir do pensamento *em direção a si mesmo,* num movimento de reconstrução contínua. Precisamente porque a Filosofia é compreendida na coincidência com a sua história, inacabada em cada filósofo que, afinal, a refaz e integra, Ortega tem um interesse especial pelo momento originário dessa história e desenvolve-o ao ponto de o texto inicialmente concebido para epílogo do livro de Marías se ir convertendo com o passar dos anos no que só em 1960 iria ser publicado em *Origen y Epílogo de la filosofía*[99]. O tema da *iniciação exemplar da ocupação filosófica*[100], que também no curso dado entre nós em 1944 teve o seu lugar, converte-se num renovado foco de atenção, com uma referência alargada a Parménides e a Heraclito, como os dois homens de *extremos opostos do mundo grego*[101], um de Eleia, outro de Éfeso, que representam

---

[96] Cf. IDEM – *Epílogo de la filosofía,* ob. cit., p. 592.

[97] Cf. IDEM – «Prólogo a *Historia de la filosofía*, de Émile Bréhier (Ideas para una historia de la filosofía)», in *Oc*, VI, pp. 135-171.

[98] Julián Marías referiu-se à etapa lisboeta do exílio do seu mestre como *fase de última maturação.* Cf. MARÍAS, Julián – *Ortega. Las trayectorias,* ob. cit., p. 363.

[99] Cf. n. 95, *supra.*

[100] Cf. ORTEGA Y GASSET, José – «La filosofía parte a la descubierta de otro mundo», ob. cit., p. 716.

[101] Cf. *ibid.*, p. 717.

a necessidade de pensar *contra* as opiniões vulgares[102]. Por isso Ortega escreve, ao longo de cerca de uma década, sobre *a origem da filosofia* e sobre aqueles que, ainda sem conotação profissional, se demarcam da *doxa* e cuja atividade, com o passar do tempo, os irá distinguindo dos sábios antigos. Diferentemente destes, os "pensadores" parecem ser inimigos dos deuses e querer aceder aos segredos do Universo; aos olhos dos seus concidadãos, possuem *excessivo saber* e *ideias próprias*, o que suscita irritação e até hostilidade social[103]. A denominação cautelosa da sua forma peculiar de vida, que Platão irá decisivamente ajudar a definir, faz-se, então, pelo recurso ao verbo que equivale a *filosofar* e traduzia vagamente, nos Séculos VI e V a.C., o modo informal de dedicação às artes e ideias.[104] Tal nome acabou por persistir e substituir a designação primitiva de *aletheia*[105], dada adequadamente, pela sua dinâmica de *revelação da verdade*, à atividade inaugurada por Parménides e alguns dos seus contemporâneos.

A dedicação de Ortega à hermenêutica da atividade filosófica não só não o impede, como o conduz à análise de outras atividades. Como fizera anteriormente com, por exemplo, a Técnica, a Tradução, ou a Caça, procura refletir também sobre o Teatro, na sequência de um convite para pronunciar, em 13 de abril de 1946, a conferência inaugural do ciclo "Evolução e Espírito do Teatro Português" organizado pelo jornal *O Século*. Embora tenha obrigado a interromper o trabalho de redação que trazia entre mãos, a conferência que teve de preparar, para além de ter sido a base de uma outra proferida um mês depois no que foi o seu primeiro ato público em Espanha, após o longo exílio[106], deu-lhe ocasião para meditar sobre a representação teatral como metáfora *visível*

---

[102] Cf. IDEM – «Fragmentos de *Origen de la filosofía*», ob. cit., p. 857 e ss.
[103] Cf. *ibid.*, p. 871 e ss.
[104] Cf. *ibid.*, p. 874 e ss.
[105] Cf. *ibid.*, p. 878.
[106] Cf. IDEM – *Idea del Teatro. Una abreviatura*, in *Oc*, IX, pp. 823-882.

ou *corporizada*[107]. Tomando por objeto o Teatro e aplicando expressamente na sua análise *o método dialético e fenomenológico*[108], o filósofo caracterizou o espetáculo teatral como uma das formas mais perfeitas de *evasão* temporária da vida que se converte, através da *realização da irrealidade*[109], em dimensão da própria vida.

Recenseada pelo jornal *O Século* como "a mais bela afirmação do seu robustíssimo pensamento"[110], essa conferência de Ortega foi a sua última intervenção pública em Lisboa e, em Madrid no mês seguinte, a primeira, depois da sua reentrada em Espanha, como acima se indica. Daí em diante, Ortega virá a Portugal intermitentemente e, embora em 1947 tenha aqui passado muitos meses trabalhando no seu importante e só postumamente publicado livro *La idea de principio en Leibniz y la evolución de la teoria deductiva*[111], nos anos seguintes usará cada vez menos a sua residência lisboeta. Essas vindas, como a de 1950, após o final do projeto do Instituto de Humanidades, ou no inverno de 1953 e, por um mês, em 1954, parecem dever-se, sobretudo, à necessidade de recuperar, quer de desilusões sofridas no seu país, quer de grandes esforços para corresponder, no estrangeiro (frequentemente, em muitas cidades e instituições da Alemanha, mas também nos Estados Unidos, Inglaterra, Suíça e Itália), a convites para fazer conferências e expor o seu pensamento.

Em Portugal não teria mais oportunidade de apresentar publicamente as suas doutrinas. O filósofo que pensou as implicações filosóficas da vida como *tempo contado* morreria de cancro em 1955,

---

[107] Cf. *ibid.*, p. 838 e p. 840.

[108] Cf. *ibid.*, p. 833.

[109] Cf. *ibid.*, pp. 848-849.

[110] Cf. *O Século*, Lisboa, 14. IV. 1946, p. 1. Já na véspera, no dia em que se iria realizar a conferência, o mesmo jornal registara o "entusiasmo do público", traduzido nas "solicitações de bilhetes" chegadas "de toda a parte", para além de publicar um artigo de síntese intitulado «Breves notas sobre a obra de Ortega», da autoria de Pedro de Moura e Sá. Cf. *O Século*, Lisboa, 13. IV. 1946, pp. 1-2.

[111] Cf. n. 92, *supra*.

aos setenta e dois anos. No entanto, na década anterior aqui tinham amadurecido muitas das suas ideias principais. O grande livro que, desde os anos trinta do século passado, Ortega anunciou em várias ocasiões, primeiro avançando o título "Sobre la razón vital" e, posteriormente, o título "Aurora de la razón histórica", não chegou, é certo, a existir. Mas, atendendo ao período em que ocorreram e ao título – "La razón histórica" – dos dois cursos dados em Buenos Aires e em Lisboa, respetivamente em 1940 e 1944, estes parecem ser dois patamares das meditações orteguianas mais originais. Entre nós, apesar da suspensão antes de o filósofo tratar diretamente o tema para que o título remete, a reflexão sobre o intelectual e a inteligência, a crítica do idealismo de Descartes e a *imersão* na vida como *realidade radical* exigente de uma *nova razão* foram desenvolvimentos coerentes com a doutrina da razão histórica que, pelo menos desde o ensaio *Historia como sistema* (1935), Ortega sustentou insistentemente[112]. Saindo dos limites, à época habituais, de um curso universitário, o filósofo dera na capital portuguesa lições que importa reconhecer no conjunto da biografia e da obra de que são inseparáveis.

---

[112] Para um roteiro do tema da *razão histórica* ao longo da produção de Ortega, cf., ex., ZAMORA BONILLA, Javier – «La razón histórica», in *Guía Comares de Ortega y Gasset*. Granada: Editorial Comares, 2013, pp. 91-120. (Trad. em Língua Portuguesa, in *A Vida como Projecto. Na senda de José Ortega y Gasset*, ob. cit., pp. 25-50.)

A RAZÃO HISTÓRICA
[CURSO DE 1944]

Lição I
Prelúdio sobre a situação da inteligência

Todos escutaram as palavras com que o diretor acaba de saudar a minha chegada a esta cátedra: a amabilidade e deferência que elas significam é, pois, patente a todos. Mas não o é tudo quanto fica do lado de lá dessas palavras – quero dizer – o cuidado com que o doutor Oliveira Guimarães tornou possível este curso, cuidado que vai desde imaginar o respetivo projeto juntamente com o professor Vitorino Nemésio, até iniciar a sua execução neste momento. De modo que se este curso correr com boa sorte e chegar a ser algo minimamente substantivo na vida desta Faculdade – e não apenas fútil ornamento e mero fazer que fazemos –, se estas lições, digo, conseguirem produzir algum *choc* apreciável e benéfico na mente portuguesa – coisa de que agora não podemos ter certeza nenhuma, nem os senhores que me escutam nem eu que começo a perorar –, será a este bom diretor da Faculdade a quem se deverá a gratidão. Ter feito constar isto, para além de ser inescusável, dá-me a vantagem de abrir ante mim neste momento uma certa margem, largueza ou *folga* que me permite responder com alguma precisão ao conteúdo daquelas mesmas palavras. Uma parte destas referia-se às linhas gerais do meu pensamento ou doutrina filosófica. Não é necessário dizer que aprovo e subscrevo o que nesta ordem elas enunciam.

Mas outra boa parte das suas palavras consistiu em homenagens e elogios dirigidos à minha pessoa intelectual. E isto é coisa que, sem o querer o senhor Diretor, me obriga a começar a minha relação com os senhores tendo que enfrentar um problema de certa dificuldade, pois essas palavras de louvor e elogio comprimem-me dentro deste melindroso dilema: eu desejo agradecê-las e não devo aceitá-las. O primeiro é natural – e não é questão, porque há coisas que ainda quase não foram desejadas já ficam feitas e isto acontece com o agradecimento. Menos transparente será para os senhores, por outro lado, o segundo: por que tenho eu reparos a fazer a esses elogios que a generosidade e a benevolência empurram para mim? Compreenderão que não se trata de que eu vá agora perder tempo a fazer exercícios acrobáticos no trapézio da modéstia, não, há para os meus reparos e escrúpulos razões de calibre mais forte e de maior exemplaridade.

À partida, esta. Elogiar é, sem dúvida, uma bela e fecunda operação – mas, por isso mesmo, o seu exercício deve ser condicionado e, pelo menos, é preciso que a própria matéria elogiada permita pela sua índole que o elogio venha enganchar-se nela. Louva-se e elogia-se um indivíduo humano por alguma egrégia qualidade que tem. Não basta, pois, que a qualidade seja egrégia, é preciso para além disso que o indivíduo, com efeito, a tenha. Costuma louvar-se o intelectual pela sua inteligência. Mas é isto o que me pergunto: se falamos com algum cuidado, pode dizer-se do inteligente que *tem* a sua inteligência como se tem um *cruzado* no bolso? A inteligência, ainda que nos fixemos agora apenas no seu modo de funcionar, é coisa apta para ser tida e que justifique a expressão possessiva, o mero e misto império que é a propriedade? De uma mulher jovem que é verdadeiramente bela pode, sem erro, dizer-se que *tem* a sua beleza – porque esta refulge e irradia permanentemente dela, sem síncope nem eclipse, dia após dia e hora atrás de hora, quando muito com leves oscilações na intensidade e um suave ondular da sua perfeição. A mulher bela pode estar segura do dinamismo mágico da sua beleza. Tem esta sempre à sua disposição, é dona dela com plena tranquilidade possessória, porque a qualidade beleza tem a condição de funcionar como uma maravilhosa e perpétua radioatividade, livre de toda a intermitência.

Ora bem, com a inteligência do inteligente, mesmo do mais inteligente, não acontece isto de maneira alguma. Quando muito, poderá, olhando para trás e tirando a espuma ao seu passado, confirmar que nesta e nesta e noutra ocasião se comportou inteligentemente. Mas se a partir de qualquer presente espreita o instante próximo que vai vir, o inteligente não está nunca seguro de o ser, nem de poder contar com essa inteligência que impropriamente se diz sua. Sabe muito bem que não a tem à sua disposição, como tem a espada quem a leva sempre à cinta ou como, em geral, o homem tem a sua vontade, estranho mecanismo psíquico que, em princípio, está sempre pronto para fulminar uma decisão. O funcionamento da inteligência pode facilitar-se com o exercício continuado, com um regime de concentração, com técnicas diversas de alta higiene mental mas, em última instância, é indómito a um pleno controlo. Com razão de sobra Goethe cantava:

> *Está certo quem crê*
> *que não se sabe como se pensa.*
> *Quando se pensa,*
> *tudo é como oferecido – como dado de presente.*

É assim, é assim. A ideia feliz aparece de súbito na cavidade da nossa mente, como o pássaro espavorido entra na primavera pela nossa *janela*. Por isso, o homem inteligente, longe de sentir segurança nas ideias que lhe ocorrem, vê-se sempre rodeado pela ameaça inumerável das *asneiras* ou tontarias que lhe podem ocorrer, e isto – precisamente isto –, sentir-se em perpétuo perigo de ser estúpido é o inteligente no inteligente, o que o faz viver nesse incessante e agudo alerta que lhe permite evitar as necedades, esquivar-se delas, de maneira que avança entre as prováveis *asneiras*, como o ciclista de circo guia a sua bicicleta evitando as garrafas para não as derrubar. O *parvo* ou néscio, pelo contrário, é o homem seguro de si, que não prevê a sua eventual estupidez e por isso se submerge a fundo e sem reservas no oceano das necedades. Isso levava Anatole France a dizer, com motivo suficiente, que ele temia muito mais o néscio do que o malvado, porque o malvado, ao fim e ao cabo, descansa algumas vezes, o néscio jamais.

É um facto tão curioso quanto inquietante que o homem ocidental, de quem talvez com melhor fundamento se possa dizer que foi o mais inteligente dos europeus, Renato Descartes, senhor do Perron, o genial instaurador da Razão, criador e mestre de toda a época moderna e nela da sua mais alta glória – o tesouro das ciências físico-matemáticas –, o filósofo para quem o homem consistia em razão ou, o que por agora tomaremos como igual, em inteligência – ao ponto de para ele o homem só ser homem, quando é razoável ou inteligente –, Renato Descartes insiste uma e outra vez na sua obra dogmática, nas suas cartas, nos seus apontamentos privados, sobre o descontínuo, o aleatório, o infrequente e quase casual que é no homem a fulguração do ato inteligente. É uma vergonha, seja dito entre parênteses, que não exista estudo algum onde se recolham todos os textos cartesianos referentes ao assunto e se defina a estranha impressão que Descartes possuía do indócil e fortuito que é este poder do homem chamado inteligência.

Fez-se há anos em Paris um *inquérito* sobre os melhores escritores franceses para averiguar por quê cada um escrevia. Eu estava com o meu amigo Paul Valéry quando o *inquiridor* se apresentou e, ao perguntar--lhe por que escrevia, Valéry respondeu: *par faiblesse* – por fraqueza. Pois bem, se se pergunta ao homem inteligente por que é inteligente, e ele é um intelectual puro-sangue – e não um pseudointelectual –, é seguro que responderá: meu senhor, por casualidade.

É claro que trespassado por esta convicção, simples advertência de um facto inquestionável, um intelectual, que não saiba nem queira viver a não ser em pulcritude e autenticidade, sente-se aturdido, *encavacado*, ao perceber que sopram na sua direção os ventos do elogio. Parece-lhe uma fraude e uma farsa aceitar, sem mais, louvores pela sua inteligência que, como vemos, não é sua, que é um acontecimento incontrolável, de que não se sente nem autor nem responsável, algo que ele não tem nem faz por si, mas antes nele acontece e se passa, como sucede à pobre terra dar no estio o ouro cereal das suas colheitas, como no ventre da nuvem negra fulgura de repente o raio.

Vejam como a modéstia não era, neste caso, uma acrobacia do orador, mas sim a própria condição da vocação e do exercício intelectuais. Porque se o inteligente não duvida de si mesmo, se não sabe permanecer em estado de inocência e, como Platão recomendava, não sabe manter sempre vivaz a ingénua criança que há dentro de todos nós, perderá esse alerta, esse alerta frente à estultícia que é a vitamina que alimenta a sua perspicácia.

E está bem que assim seja, porque de outro modo, senhores, se o intelectual *tivesse* a sua inteligência como a mulher bela *tem* a sua beleza seria, há que confessá-lo, completamente insuportável. Note-se de passagem que a inteligência logo pela própria condição do seu mecanismo psíquico ou psico-fisiológico não consente ser profissionalizada. É possível ser médico porque um certo mínimo de técnica médica pode ser exercitado com continuidade, mas se ao médico a medicina lhe viesse à cabeça tão-só durante alguns instantes imprevisíveis do ano, em forma de casual e intermitente relampejar, é claro que não existiria a medicina como profissão. E isto, senhores – a impossibilidade de profissionalizar a inteligência – é a causa dessa estranha impressão que experimentamos ao dizer ou ouvir a palavra intelectual, pois é notório que ao dizê-la ou ouvi-la nos sentimos todos um pouco abalados. A nossa mente, por uma reação imediata, como um movimento reflexo, recusa a pretensão de profissionalizar a inteligência que essa palavra pode conter. Um homem pode ser tenor de profissão, mas não pode ser inteligente por profissão.

Tome-se isto como primeira razão que impede de me abrir sem inquietude aos generosos elogios do nosso diretor. Primeira, porque há outras de bastante maior gravidade – pois não se referem já meramente ao modo de a inteligência funcionar mas sim à sua tarefa e missão, ao seu próprio conteúdo, à sua obra.

Durante quase dois séculos, e sendo mais preciso – já que como veremos neste curso, é forçoso por razões muito substanciais levar a cronologia histórica a um nível de ultraprecisão –, desde 1740 a 1929 o intelectual ocupou no Ocidente um lugar social superior ao que jamais teve em toda a história humana. Mais ainda, durante essa época e sobretudo na segunda dessas centúrias e de forma extrema em torno de 1900, os dois únicos grandes poderes sociais que efetivamente regiam o Ocidente eram o dinheiro e o intelectual. Essa vantagem na hierarquia da sociedade fazia com que o intelectual exercesse funções de mando, tanto me importa se oficiais ou oficiosas. É um facto que no século XVIII o intelectual sentiu pela primeira vez na história apetite e afã de mandar. Dir-se-á que já Platão proclamava a necessidade de uma destas duas coisas: ou que os filósofos fossem governantes, ou que os governantes fossem filósofos. Mas, para além do sentido desta famosa máxima ser mais complicado do que de repente parece, ninguém pode julgar nem por um momento que Platão dizia isso a sério, quando escreveu o livro da *República* em que aparece. Platão, como é sabido, não costumava falar a sério mas costumava falar em ático – e o aticismo é aquele modo de dizer que avança a espada da seriedade oculta na bainha da elegância. A coisa chama-se *eironeía*, ironia; que é, no juízo de Daudet, a palavra mais bonita do dicionário. Se Platão disse aquilo, não foi porque, de verdade, o ambicionasse, mas antes, pelo contrário, precisamente porque então o considerava impossível, utópico, paradoxal, irritante. A ironia é justamente a maneira mais cortês de ser provocador. Mas o geómetra d'Alembert, o ideólogo Diderot, o lunático Rousseau quiseram, sim, e muito a sério mandar, e inocularam este prurido de imperar nos intelectuais das gerações subsequentes. Por volta de 1900 tudo era bajulação e submissão em torno deste tipo de homem que, em vez da espada antiga dos paladinos, manejava a ideia nova, a palavra lúcida e a pluma do estilo. Não se esqueça que estilo significa propriamente, no seu *étymon*, estilete para escrever e um estilete é a abreviatura de uma arma.

Agora não é ocasião para enunciar as causas que tinham trazido ao intelectual tão insólita fortuna, mas todas elas podem resumir-se no facto de que durante esses dois séculos o mundo dominado pela civilização europeia vivia sustentado pela fé no progresso, quer dizer, acreditava que a humanidade tinha, por fim, entrado num *comboio* chamado «cultura», o qual inevitavelmente, por necessidade mecânica, havia de levá-la em incessante avanço a formas de existência cada vez melhores e assim até ao infinito. Ora bem, a força criadora dessa cultura progressiva ou que progride era a razão, a inteligência. Daí a preeminência social dos intelectuais.

Isso era um erro tremendo, um grotesco *quid pro quo* e uma degeneração da existência intelectual. O intelectual já desde o século XVII tinha vencido o sacerdote e o guerreiro – os que antes predominavam – e padecia a doença que, segundo nos fez ver recentemente o inglês Toynbee, padecem todos os vencedores e constitui, no seu entender, uma lei da história, a que chama a intoxicação pela vitória; ideia que nos tempos vindouros convém a todos ter desperta na cabeça. A mim pasmava-me a tranquilidade e a ingenuidade e a cegueira com que os intelectuais por volta de 1900, e de forma culminante cerca de 1920, acreditavam, com efeito, que aquilo era definitivo. E assombrava-me como não percebiam sequer o mais óbvio, o excessivo contraste entre aquela situação de privilégio e o que em todo o resto da história tinha quase sempre acontecido, a saber, que o intelectual, o efetivo intelectual, longe de ser mimado pela gente, costumava ser perseguido, espancado, encarcerado, ridicularizado ou, no mínimo, conscienciosamente desatendido. Mas quando eu cheguei a esses anos da vida em que o intelectual de vocação profunda recebe as suas primeiras iluminações – anos que, como veremos, não são quaisquer, mas sim podem normalmente ser precisados com exatidão – tive a visão de que a história humana ia, uma vez mais, girar sobre si mesma 180 graus, executar uma dessas grandes, radicais viragens que lhe são características; que a idade moderna, esgotadas as fontes da sua inspiração e a validade dos seus princípios, se achava na agonia – como o escrevi textualmente já por volta de 1913 –; que essa ideia de progresso era uma ingenuidade em que se tornava patente a insuficiência radical do pensamento do século dezoito, pensamento que ainda não se conseguiu digerir e eliminar, mas continua indigesto, fatalmente indigesto na maior parte das mentes ocidentais – já veremos com rigoroso diagnóstico em que consiste a sua aberração –, em suma, pareceu-me aceitarem os intelectuais aquela situação de privilégio [...]

Várias vezes antes de 1920, mas com solenidade programática num ensaio intitulado «Reforma de la inteligencia», que apareceu em 1925, mostrava eu aos meus colegas de vocação o desencaminhamento fatal que representava para a inteligência ter aceitado a adulação de uma hora propícia, e sobretudo não ter resistido à tentação de mandar, quando já o génio de Augusto Comte em 1840 lhes fazia ver que para o intelectual «toute participation dans le commandement est radicalement dégradante». E assim dizia eu, vai em breve fazer um quarto de século:

[«O fracasso que se seguiu a este ensaio imperial da inteligência é evidente. Não conseguiu fazer felizes os homens, e, pelo contrário, perdeu nesse empreendimento o seu poder de inspiração. Quando se quer mandar é forçoso violentar o próprio pensamento e adaptá-lo ao temperamento das multidões. Pouco a pouco as ideias perdem rigor e transparência, embaciam-se com o sentimentalismo. Nada causa maior dano a uma ideologia que o afã de dela convencer os outros. Nesse trabalho de apóstolo o pensador vai-se afastando da sua doutrina inicial e acaba por encontrar entre as mãos uma caricatura dela.

A inteligência entretida nessa tarefa, tão imprópria do seu destino cósmico, deixou de cumprir o seu autêntico mister: forjar as novas normas que, na hora de as antigas declinarem, pudessem elevar-se sobre o horizonte. Daí a grave crise do presente, que se caracteriza não tanto porque não se obedeça a princípios superiores mas sim pela ausência destes.

Tal situação impõe à inteligência uma retirada das alturas sociais, um recolhimento sobre si mesma.»]

As coisas depois andaram depressa, tão depressa que os meus vaticínios de então são já hoje história e história que começa a ser velha. E por essa dialética de puras contradições – que não é, como quiseram Hegel e Marx, a marcha essencial da história mas apenas a marcha das épocas estúpidas, isto é, acéfalas em que a história, reduzida ao mínimo de si mesma, se converte quase em pura mecânica e os homens degeneram em átomos inertes –, os intelectuais passaram de ser tudo a não ser nada, de figurar como as glórias e eminências das nações a ser varridos da paisagem social, de parecer que dirigiam os rumos da humanidade a não ser sequer escutados. Estamos hoje nesta situação e – nem é preciso dizer – refiro-me não a este ou a outro país, mas ao planeta inteiro. E se há algum recanto onde isto por acaso não aconteça, haverá que explicar muito concretamente o caso porque se trata, sem qualquer dúvida, de uma anomalia.

A universalidade do facto obriga a reconhecê-lo sem eufemismos e a dar-lhe a expressão adequada – mas, ao mesmo tempo, convida-nos a não fazer perante ele trejeitos, *espaventos*, e sim a contemplá-lo serenamente, com retina límpida e lúcida. A expressão adequada do facto é a seguinte: desde há anos, antes, claro está, de começarem estas guerras em que estamos – *estas guerras*, porque não se trata de uma mas de várias, mas de muitas, intrincadas umas nas outras em confuso e longo encadeamento, tão longo que chega até ao limite visível do horizonte, que chega... e o ultrapassa –, desde há anos, digo, começa a fazer-se no mundo ocidental – e isto quer dizer em todo o mundo – um ensaio gigantesco que desde há 2500 anos nunca se tinha tentado; a saber: organizar a vida humana prescindindo radicalmente do intelectual. Os senhores compreendem, sem dúvida, que para quem há um quarto de século escrevia o que há pouco ouviram e já então incentivava os intelectuais a que se retirassem para a sua solidão e nela se depurassem e concentrassem, essa tentativa de eliminar o intelectual nem me surpreende nem me espanta o que a este faz, quer dizer, pelo lado do próprio intelectual, uma vez que uma coisa, se não igual, parecida, foi por mim prevista, anunciada e desejada. A diferença entre o que eu então pensava e o que agora se quer levar a cabo é, no entanto, radical. Eu propunha a solidão ao intelectual porque é ela – segundo veremos em seguida – o modo mais perfeito de ser intelectual e, portanto, o modo mais fecundo de colaborar na vida humana em geral, de verdadeiramente servir aos homens para algo. O intelectual deve dizer aos demais o que na sua ubérrima solidão descobre – deve a partir da sua vida desértica gritar aos homens as suas solidões. O intelectual é muito essencialmente *vox clamantis in deserto*. Mas o que agora se tenta é suprimir radicalmente a colaboração do intelectual na vida humana; evidentemente porque se crê, de boa ou de má fé – notem esta estranha peculiaridade da fé que consiste em poder ser boa ou má fé –, porque se crê, digo, que não é necessária, que sobra. Alguém em Sevilha enviou a um relojoeiro local o seu relógio avariado e o relojoeiro devolveu-lho dias depois como já arranjado mas, para além dele, enviou-lhe à parte uma peça do relógio porque, segundo o relojoeiro sevilhano, aquela peça sobrava. Pois, pelos vistos, a maior parte das pessoas hoje, em todo o mundo, sem exceção, pensa analogamente que o intelectual é no relógio da vida do Ocidente essa peça sobrante, supérflua, do relojoeiro sevilhano. Eu assisto ao arriscado ensaio com equanimidade e com curiosidade. O intelectual admite de antemão que tudo é possível, até o menos verosímil: o que há a fazer é ver em cada caso concreto se, com efeito, é assim. Ser intelectual é saber viver na dúvida e a partir da dúvida, sem enjoar nem sofrer vertigem, estar num «mar de dúvidas» como se costuma dizer, estar num elemento instável em permanente naufrágio, no qual não há outro remédio senão bracejar sem descanso para não ir ao fundo e afogar-se, mas prefere esta sua vocação arriscada a instalar-se comodamente sobre qualquer crença putrefacta. Esta imersão na dúvida não é um capricho nem é prurido ou mania, não é inclinação, que seria patológica, para estados crepusculares, indecisos – é exatamente o contrário, ao ponto de apenas do autêntico intelectual se poder dizer que é o homem radicalmente decidido a «sair da dúvida», mas a sair de verdade e chegar, de verdade, a ter razão. Mas digam-me os senhores se para sair da dúvida não parece inescusável ter antes estado nela!

Fica, pois, aceite e aberta a questão se o intelectual tem algo peculiar e imprescindível a fazer nesta grande empresa e grande aventura que é a vida do homem, ou se, pelo contrário, é a quinta roda do carro, algo de que se pode e se deve prescindir. Com isto não quero dizer que esta questão vá ser tratada especialmente neste curso. Em todo ele estará implícito o seu estudo e a sua solução. Só nesta lição inaugural julgo forçoso roçá-la para não voltar a falar nela; mas agora, momentaneamente, sim, temos diante de nós a questão do intelectual. Porque aqui não estamos a falar do poeta nem do técnico, figuras de homem que existiram na humanidade desde os primeiros tempos e que têm um perfil preciso. Não nos referimos tão-pouco aos homens de ciência, entenda-se, das ciências especiais que falando com rigor são, talvez, as únicas que há. Os homens de ciência são, como aparição histórica, algo muito mais recente do que o poeta e o técnico, mas coincidem com estes em que as pessoas tiveram sempre, mais ou menos, a convicção de que necessitavam deles para lhes fabricarem prazeres ou tirar-lhes dores, para lhes inventarem uma comédia ou inventar-lhes a aspirina, o telefone e o *elevador*. Eu refiro-me aqui a um tipo de homem estranho, de condição nunca bem definida, que não é nenhuma dessas coisas e que, desde que existe, teve sempre nomes de contorno impreciso e difuso, nomes equívocos, nomes ridículos – como o é o de «pensador» ou este que lhe dou de «intelectual», escolhido por mim muito deliberadamente porque nas nossas línguas atuais reproduz com rara coincidência os mesmos equívocos, a mesma imprecisão, a mesma petulância e o mesmo carácter ridículo que entre os gregos chegaram a ter vocábulos como *sófos, sofistés, filósofos*.

O que, de imediato, se pode dizer com clareza desta enigmática figura é apenas que o intelectual cuida de formar opiniões sobre os grandes temas que importam ao homem: é um opinante. A ocupação é, pois, sobremaneira estranha – porque toda a gente tem opiniões e, por isso, não há talvez nenhuma língua atual que não use uma expressão como esta: na opinião de toda a gente. Portanto, «toda a gente», quer dizer, as pessoas, todas e quaisquer pessoas, «toda a gente», em suma, é uma personagem imensa que já tem a sua opinião. Não é surpreendente que haja indivíduos que pretendem fazer dessa operação universal que é opinar uma ocupação especial sua e ingénita, intransferível vocação e profissão? Isto já me levou na altura a considerar uma questão que, ainda que pareça inverosímil, ninguém, naquela data, tinha *tematicamente* proposto: porquê, quando, como, aparece à superfície da história essa fauna exorbitada e exorbitante dos intelectuais; qual é a sua missão, destino ou papel: *estão aí* para quê? A incapacidade habitual para contemplar as coisas genuinamente humanas na única perspetiva que lhes é adequada, a saber, a histórica, para as ver, portanto e sem exceção, como algo que não está aí desde sempre e com perpetuidade, mas que nasceu quando menos se pensava e poderá chegar outro dia em que desapareça, impediu de descobrir o que é evidente: que o tipo humano denominado intelectual é uma mera contingência histórica que brotou numa região muito circunscrita do planeta e numa data sobejamente precisa. Foi lá, no oriente do Mediterrâneo e foi, ao mesmo tempo, com uma estranha coincidência cronológica, em duas civilizações e mundos, confinantes, mas nessa altura sem comunicação nem homogeneidade alguma, a saber, o mundo sírio por um lado e o mundo helénico pelo outro, por volta do ano 700 a.C.. Exatamente nos mesmos anos, surge na

Grécia o primeiro esboço de intelectual com Hesíodo e levanta-se em terra hebraica o primeiro profeta, Amós. Os profetas foram os intelectuais de Israel. A Hesíodo cedo se seguem os *sofoi*, os pensadores, os *sábios*; que na escola de Platão foram consagrados com o número canónico de «sete», os «sete sábios», figuras de enorme capacidade de sugestão que abrem, como um coro de dançarinos, ao mesmo tempo egrégios e burlescos, o imenso e milenário *ballet* do pensamento: figuras, portanto, excecionais sobre as quais, claro está, não existe um só livro que valha a pena e sobre quem a seu tempo teremos por força neste curso de dizer algo do que se devia ter dito e nunca se disse. Logo de seguida, florescem em pleno os primeiros homens de ciência: os fisiólogos e o misterioso Pitágoras, de influência incalculável, e Parménides e Heraclito, os dois fundadores da filosofia *sensu stricto*, os dois sáurios gigantescos da fauna intelectual. Que vêm fazer ao mundo estas criaturas inesperadas, estas personagens enigmáticas de quem a gente só sabe que dizem frases paradoxais ou agudas e que mal se apresentam produzem na pele da história essa nervosidade e esse calor – *ardor*, dizem os portugueses –, essa nervosidade e esse ardor, efeito inconfundível da operação intelectual, e que desde aquela data é quase incessante ao longo de 2600 anos? Se se quer entender bem uma modalidade humana, seja ela grande, seja ela mínima, há que procurar observá-la no instante da sua primeira aparição, no seu berço, à hora de nascer – *in statu nascente* –, quando ainda é o que é em toda a sua pureza e não começou a cobri-la e ocultá-la a proliferação vegetativa que mais tarde irá cair sobre ela e acabará por asfixiá-la.

O nascimento da fauna intelectual é de uma importância tão extraordinária, para de verdade ver claro o que é essa confusa coisa por costume chamada «filosofia», que haveremos de dedicar ao estudo de tal facto uma lição inteira, já que (causa vergonha dizê-lo!) um tema tão capital nunca foi circunscrito com rigor, sem vacuidades evasivas e indo diretamente ao ponto. Porém agora, do assunto apenas é urgente fixar uma dimensão, a que mais energicamente manifesta qual é a missão do intelectual, isto é, por que houve e ainda há no universo essas criaturas extravagantes que somos os intelectuais.

Amós é o primeiro profeta no sentido que esta palavra hoje tem para nós e que nos foi transmitido e conservado pelo cristianismo[1]. Esse sentido não é, no entanto, o que vulgarmente se lhe dá, segundo o qual profetizar seria sem mais vaticinar, anunciar o futuro, adivinhar o porvir. Sem dúvida, nas palavras dos profetas brotavam antecipações do futuro, predições – mas tenha-se em conta que não é menos consubstancial às leis da nossa física prever com rigor de sobra os factos do porvir. E, contudo, a lei da física não parece propor-se predizer, mas sim exclusivamente *dizer*, dizer a verdade sobre o que as coisas *são* e, pelos vistos, quando se possui a verdade sobre o que uma coisa é, possui-se por acréscimo a precisão do seu comportamento futuro. Sublinhemos desde já duas coisas: primeira, que parece existir uma secreta conexão, para nós ainda intransparente, entre *dizer* a verdade sobre o ser das coisas e *predizer* o porvir, ao ponto de ambos, dizer e predizer, transluzirem ou transparecerem um no outro. Segunda, que enquanto no intelectual originado na Grécia, de cuja tradição os ocidentais procedemos, o predizer toma a forma aparente de puro e tíbio dizer e fica oculto enquanto predizer, no intelectual oriundo da Síria, no profeta, o dizer apresenta-se normalmente com o aspeto dramático e ardente da predição, do vaticínio, porque a palavra do profeta ao ser dita como vinda do céu onde Deus reside imita sem querer o estilo proceloso da tormenta e chega-nos carregada com o fulgor dos raios e o retumbar dos trovões, em suma, sob forma apocalíptica. Então enquanto o homem da Grécia chamará ao seu dizer formal discurso, *logos*, o profeta chamará ao seu *apocálypsis*, revelação. Quando procurarmos, adiante no curso, o porquê desta diferença ela

---

[1] A modalidade humana que Amós inicia vai ser venerada e repetida por todos os profetas subsequentes. Nele temos, pois, o primeiro perfil de profeta e, ao mesmo tempo, o mais puro.

pôr-nos-á a descoberto inesperadamente profundidades do grande problema metafísico: o problema do ser.

Os Septuaginta – aqueles judeus helenizados que, nos séculos III e II a.C., traduziram o Antigo Testamento e que a lenda supõe terem sido 70 ou 72 – procuraram na língua grega um vocábulo com que traduzir a palavra *nabi* que os hebreus usavam e pareceu-lhes que *profetes* era o mais adequado. Foi, sem dúvida, um acerto, mas noutro dia, porque hoje não há tempo, os senhores verão como a coisa é mais complicada do que, à primeira vista, pode parecer. É sabido que traduzir de uma língua para outra muito diferente, sobretudo quando em ambas se expressam culturas muito distintas, é uma tarefa desesperada e utópica. É vão presumir que a palavra de uma língua tenha na outra o seu duplo ou a sua gémea, outra palavra que signifique o mesmo. Teria de ter havido, na hora de ambas as línguas nascerem, um inverosímil paralelismo entre elas e não serviria de nada porque as palavras, como coisa humana que são, nunca estão quietas, modificam sem cessar o seu som e o seu sentido, sofrem aventuras, umas divertidas e outras penosas. Cada palavra tem como que a sua biografia. Ora bem, em cada povo as palavras experimentam aventuras diferentes.

E a este propósito direi em público, para o caso de alguém se interessar pelo tema, o que já disse em privado a algum filólogo português, de cuja amizade me honro – a saber, o enorme interesse que teria estudar a divergente evolução semântica, isto é, as biografias paralelas de uma série de vocábulos comuns ao português e ao espanhol. Poucas coisas podiam determinar com maior precisão o diferente perfil de ambas as almas coletivas. Assim, tenho a suspeita, ainda que, para que conste, não o asseguro em definitivo, que cedo se acusaria claramente uma tendência da língua portuguesa para contrair a significação da palavra num sentido pejorativo, e isto num grau maior do que é normal em toda a língua, o que equivaleria a sintoma de um certo pessimismo nas almas. Assim, enquanto a palavra «azar» continua a significar em espanhol todo o acaso, seja bom ou seja mau, em português significa apenas o acaso adverso, a desdita, desgraça ou desventura. Similarmente, «esquisito» significava originariamente tudo o que é escolhido, seleto, para o bem ou para o mal, posto à parte, que por uma ou outra razão aparece destacado do vulgar e do corrente. Mas no espanhol a palavra, diríamos, teve boa sorte, correu-lhe bem e hoje significa, como em francês *exquis*, o destacado pela sua excelência, o melhor do melhor, a fina flor das coisas, enquanto em português o pobre vocábulo não teve boa sorte e hoje designa o que se destaca por motivos lamentáveis, o extravagante, incorreto, deficiente ou quase monstruoso, *et cetera, et cetera*.

Pois bem, *nabi* era uma palavra muito velha na língua hebraica, tão velha que segundo parece é mesmo anterior ao hebreu e procede não se sabe de que lonjuras cronológicas. Isso não deve surpreender porque o seu significado mais antigo é uma das realidades mais arcaicas e que hoje persiste nos povos que antes costumávamos chamar selvagens e agora com um eufemismo muito inglês e muito cortês chamamos nada mais que «primitivos».

Nabi significa o possesso, o exaltado, o vidente, o lunático, o extático, e como êxtase significa por sua vez estar fora de si, *nabi* significará o homem fora de si, o frenético.

Numa imensa parte de povos primitivos atuais encontramos, com efeito, homens cujo mister ou ofício é porem-se fora de si, tornarem-se frenéticos em determinadas ocasiões, usando para isso as mais diversas e, às vezes, difíceis técnicas. Umas vezes é a dança orgíaca que produz a vertigem e enlouquece o dançarino fazendo-o cair em transe extático. Outras vezes é a ingestão de bebidas alcoólicas ou a mastigação de substâncias estupefacientes. Outras, passar a noite estendido sobre a pele das vítimas sacrificiais nos templos dos deuses, onde aromas e essências provocam sonhos vivazes, o que os romanos chamavam *incubatio*. A finalidade de todas estas técnicas é apagar no homem os estados mentais que constituem a normalidade quotidiana e suscitar estados anormais que vão do sonho à alucinação. Trata-se, pois, de deixar de ver as coisas que nos rodeiam e chegar a ter visões. Ora bem, estes homens frenéticos ou visionários ocupam um lugar preeminente na coletividade a que pertencem, com frequência, o mais destacado de todos. A sua tarefa *esquisita* – aqui fica bem o vocábulo português –, a sua tarefa *esquisita* de se tornarem dementes, de se embriagarem e estupefazerem não é um capricho ou vício privados mas é, sim, uma função pública, uma magistratura de que a sociedade necessita.

O homem possui dois equipamentos diferentes de atividades mentais: um consiste em ver, ouvir, tocar, *et cetera*, o que se chama perceções dos sentidos. Com certeza devido ao inconcebível enquistamento de uma psicologia arcaica, quase todas as pessoas continuam a crer que os nossos sentidos são só cinco quando, na verdade, são onze. Não posso agora deter-me a declarar quais são os outros seis. Essas perceções dos sentidos apresentam-nos todas as coisas que nos rodeiam, no aproveitamento e na luta com as quais consiste primariamente o nosso viver. Essas perceções excitam a atividade do nosso intelecto que as compara, distingue ou identifica formando sobre elas ideias claras, o que chamamos conceitos, noções, razões. É o equipamento intelectual.

Mas ao lado de perceções e de conceitos ou inteleções, que têm o carácter de habitualidade, de quotidianidade, de normalidade, o homem depara-se com outras atividades mentais que, pelo modo de se produzirem, pela ocasião ou pela infrequência do seu funcionamento oferecem o aspeto de excecionalidade. Tais são os estados de embriaguez, de delírio, de transe e exaltação, são, à partida e antes de tudo, os sonhos. Quando o homem adormece e o mundo das coisas, que o rodeia *acordado*, desaparece perante ele, eis que um mundo de coisas diferentes daquelas se torna presente sob uma forma não menos vívida do que o percebido em vigília. Adormecido, o homem vê e toca seres estranhos, monstros que acordado nunca viu, figuras humanas ou semi-humanas dotadas de aspeto e poderes extraordinários, assiste a cenas onde não são vigentes as leis do mundo ordinário, surgem de repente perante ele – e isto foi de uma importância decisiva na história humana –, surgem, ou melhor, ressurgem perante ele os seus mortos familiares que lhe aparecem ressuscitados ou redivivos, que falam com ele, lhe dão conselhos, o ameaçam, lhe fazem promessas. Como com os sonhos, acontece com as visões da embriaguez, da intoxicação por drogas, dos transes extáticos.

Um e outro equipamento apresentam-nos dois géneros de realidade diferentes, dois mundos distintos mas que, em princípio, têm igual direito a serem reconhecidos como reais. Que fará o homem perante essa dualidade? A qual desses equipamentos mentais outorgará maior crédito? Em qual deles se fiará? E, paralelamente – qual desses dois mundos díspares lhe parecerá o decisivo, o mais importante e autêntico, isto é, o mais real?

Para nós o dilema está decidido. Cremos firmemente que são as perceções claras e as claras ideias formadas sobre aquelas pelo nosso intelecto o único procedimento seguro para reconhecer a efetiva realidade, para nos orientar nela e descobri-la. Dito com outras palavras, decidimo-nos pelo método intelectual, pelo pensamento claro, racional ou lógico.

A partir desta nossa convicção presente desqualificamos as pretensas realidades que aparecem nos sonhos, nas alucinações, nos transes e êxtases, no delírio e na embriaguez. Tudo isso, dizemos, são irrealidades, não são coisas efetivas que se nos tornam presentes nesses estados de exceção, mas sim meras criações subjetivas oriundas de outra potência que o homem tem, maravilhosa mas equívoca e incontrolável a que se chama fantasia. No sonho, na embriaguez e no delírio não se trata, pois, de coisas reais mas de figurações fantasmáticas ou fantasmas. Frente ao equipamento intelectual temos, então, o equipamento que podemos chamar fantastical[2] – o pensamento visionário ou místico.

---

[2] [N.T.] "Fantastical" é um termo inexistente em Língua Portuguesa. Contudo, atendendo ao facto de igualmente não existir em espanhol e de parecer claro o interesse do autor em usar, para a ordem do fantástico, uma palavra que jogasse com a palavra "intelectual", também a mantemos nesta versão.

Mas o método intelectual é uma descoberta relativamente recente na história humana. Foi feita há 2500 anos, um breve troço de tempo se se comparar com o milhão de anos que cálculos fundados na geologia, especialmente no estudo dos períodos glaciares, dão como data aproximada do aparecimento do *homo sapiens*, da nossa espécie, sobre a Terra. Aquela descoberta é coetânea da presença no mundo dos primeiros intelectuais, que foram – claro está! – quem a fez, e que, por isso, merecem, com rigor suficiente, ser chamados assim. Mas antes, durante dezenas de milhares de anos a mentalidade primitiva ou primigénia ignorava que o homem possuísse intelecto ainda que o exercitasse, e usasse a toda a hora conceitos, e fosse lógico no seu pensar, embora, como dizia em prosa o *bourgeois gentilhomme*, sem o saber. A ideia de Lévy-Bruhl segundo a qual ao homem racional teria precedido um homem pré-lógico é uma má compreensão, uma pura *asneira*, e permito-me uma expressão de tanta crueldade porque um dia estudaremos aqui o mais a fundo possível essa mentalidade primitiva e então afrontaremos minuciosamente a tese daquele laborioso autor. O que unicamente há de verdade nessa opinião é este facto inquestionável: que o homem primitivo não considerava o seu intelecto – dado que ignorava a sua existência – como método para lhe descobrir a efetiva realidade, mas antes acreditava, opostamente, que é o pensamento visionário que nos revela a realidade mais decisiva. Os primeiros pedagogos e mestres do homem foram os sonhos e os delírios. Deles procedem algumas das ideias básicas em que se apoia a conceção do real feita pelo homem; ideias, ao contrário do que se costuma crer, ainda vivazes no estrato mais profundo do nosso próprio, atual pensamento. Esse mundo estranho e extraordinário das visões oníricas, alcoólicas e orgíacas parecia-lhe a mais profunda e efetiva realidade, onde residiam os poderes decisivos que regem o mundo das coisas visíveis e, sobretudo, os destinos dos seres humanos. Como esse mundo visionário aparecia sem comunicação controlável com o mundo habitual e quotidiano do homem *acordado*, apresentava-se-lhe com o carácter de mistério e, enquanto tal, tinha já todos os caracteres do que mais tarde iria chamar-se o divino. Esse mistério pelo estranho das suas formas e cenas produzia horror, era tremendo, no sentido mais próprio do vocábulo, era o *mysterium tremendum*, mas, ao mesmo tempo, atraía com a sua própria estranheza o homem, era fascinante, *mysterium fascinans*, e estes dois caracteres de horrorizar e fascinar são o característico do santo na sua verdadeira aceção. Ao aplicar-se nos últimos séculos a palavra santo a certos homens virtuosos que a Igreja canonizou, o vocábulo perdeu o esplendor ultraterrestre e terrorífico que tem na língua latina e que sobrevive em fórmulas da própria Igreja, como na antífona que diz a Deus: *Tu solus Sanctus, tu solus Altissimus*, ou como Santo Agostinho expressava o seu sentir quando se aproximava de Deus: *Et inhorresco et inardesco* – horrorizas-me e enfeitiças-me, espantas-me e entusiasmas-me.

E tal como, uma vez instaurado o método intelectual, se escreveram livros e se criaram academias e universidades e laboratórios e técnicas refinadíssimas para o uso das perceções claras e a obtenção de conceitos rigorosos e racionais, este homem primigénio, que ainda existe nos povos civilizados e constitui a sua maioria, criou técnicas visionárias e cultivou metodicamente o delírio.

Lição II
O intelectual perante o mundo moderno

Eu fui convidado para dar um curso de filosofia nesta Faculdade e interpreto este compromisso na forma máxima, portanto, na que exige mais de mim. Isto significa que fico formalmente comprometido a expor os problemas fundamentais da filosofia, sob a forma mais rigorosa e precisa que eles permitam e a que até agora se tenha podido chegar. Isto não implica forçosamente que essa forma, a mais rigorosa que a exposição filosófica pode adotar, seja a que alguns dos presentes supõem e supõem-no porque creem saber o que é filosofia quando talvez o ignorem. Não atribuam o que acabo de enunciar a vaidade e presunção da minha parte. Eu não disse, muito pelo contrário, que consiga fazer isso – o que estou é a precisar, não mais do que isso, com expressão formal como entendo a minha obrigação e compromisso, que são, portanto, expor nesta cátedra uma filosofia que *seja* filosofia.

Mas esta proposição – uma filosofia que *seja* filosofia – tem duplo sentido como o têm todos os juízos ou frases em que se emprega a palavra *ser*, ou *é*, pois este terrível vocábulo, de tão mínimo corpo e tão inesgotável conteúdo, sobre o qual trabalham desde há dois milénios e meio as melhores cabeças à maneira de pedreiros numa pedreira infinita, sempre inexaurível, tem como o tornassol duas significações radicalmente distintas mas que, sem cessar, se trocam perante os nossos olhos uma pela outra, aturdindo ou *enjoando* a nossa compreensão dele.

Se dizemos «o cisne é» significamos que o cisne existe ou que o há. Este é o sentido existencial da palavra *ser*. Mas se dizemos «o centauro é amante das ninfas» não pretendemos dizer que o centauro existe ou que o há – mas apenas que no caso de existirem ou haver centauros inevitavelmente seriam amantes das ninfas, que esta qualidade, propensão ou melindroso hábito pertence à coisa «centauro», haja ou não esta coisa; que não está no nosso arbítrio pensar um centauro e não o pensar com um torso humano e lombos equinos, com a flauta de Pã nos lábios e esse insolente afã de ninfas. Do centauro não dizemos, portanto, que *é*, mas sim que é *tal*, que essa é a sua essência. Este é o significado predicativo ou essencial do termo *ser*. Mas como o vocábulo «essência», tradução erudita e violenta da fresca e vulgar palavra grega ουσία, realidade, nos chegou lastrado, carregado de todas as teorias que dois mil anos de trabalho filosófico foram depositando nele, eu prefiro substitui--lo normalmente por outro mais vivaz e mais vulgar. E aqui têm os senhores um primeiro caso de uma tendência deliberada e que julgamos hoje inevitável – em breve se verá por que graves e fecundas razões –, a tendência para substituir o vocábulo de uma velha e anquilosada terminologia pela palavra mais vulgar e, por vezes, pela mais vernacular, metafórica, coloquial e íntima. Até agora, seguindo o uso escolástico, costumavam contrapor-se os termos existência e essência – a coisa *é* à coisa *é tal* ou *qual*. Frente a isso eu prefiro dizer assim: um objeto existe ou não existe, mas, para além disso, todo o objeto *consiste* nisto ou naquilo; oponho, pois, ao existir o consistir – e a respeito de todo o objeto sobre o qual falemos é possível debater sobre a sua existência ou sobre a sua consistência. Substituo, então, a tradicional «essência» pela mais simples e vulgar «consistência». E basta ter discernido ou separado esses dois sentidos do termo *ser* ou *é* – o existir e o «consistir em» – para entender que há certos objetos surpreendentes que não existem no sentido pleno e normal da palavra e, no entanto, têm consistência que se impõe ao nosso capricho, isto é, que não depende de nós atribuir-lhes ou não certas propriedades. O triângulo matemático não existe realmente, no entanto, sabemos que de maneira inexorável a soma dos seus ângulos equivale a dois retos. Esta é a sua consistência. Mas, parecendo ininteligível que algo tenha qualidades, propriedades, hábitos e, contudo, não exista no sentido pleno de existir *realmente*, fica em aberto nas nossas mentes a presunção de que haja modos mais ténues, menos plenos de existir que o que é próprio das coisas reais e que, inevitavelmente, nalgum sentido, por subtil que este seja, o triângulo deve existir. A este ténue e problemático modo de o triângulo existir chamamos *existência ideal* e um dos teoremas mais importantes em toda a disciplina matemática atual é o teorema de existência – que decide se há ou não há um certo número ou magnitude. A existência ideal é o que os escolásticos chamavam *ens rationis*. Precisamente Suárez tem uma doutrina originalíssima do *ens rationis* que influenciou decisivamente Leibniz. Suárez, o gigante jesuítico com quem o nosso bom diretor, num arrebate de benevolência, queria nada menos do que equiparar-me. O mesmo há que dizer do centauro, o qual, sem dúvida, não existe da maneira que existe o percherão[3], mas ao ter a bem conhecida e sugestiva consistência que a mitologia lhe criou – portanto, atributos que não dependem do nosso capricho – algum modo de existência deve possuir, pois basta que tenhamos dele o humor para que do nada mais negro a nossa fantasia tire o potro centauro e, numa atmosfera irreal de primavera, o faça galopar, cauda e *machinhos* ao [vento], sobre pradarias de esmeralda, atrás das brancas ninfas fugitivas.

Mas, tenha ou não validade falar de uma existência ideal, importa-nos agora sublinhar que o verdadeiro e inquestionável sentido do termo ser, enquanto existir, é a existência plena, efetiva ou real. Feita esta advertência que como veem é simplicíssima mas, ao mesmo tempo, fundamental e vai servir-nos para inumeráveis necessidades, voltemos ao motivo que a suscita.

Dizia eu que o meu compromisso, no seu sentido mais exigente para mim, é o de expor um conjunto de pensamentos que *seja* filosofia. Mas isto significa duas coisas: primeira, que hei-de

---

[3] [N.T.] Trata-se de um tipo de cavalo de uma raça francesa proveniente da região de Perche.

expor uma teoria o mais rigorosa possível sobre os problemas mais fundamentais que é frequente denominarem-se filosóficos. Portanto: que dessa teoria é preciso poder com verdade dizer que é filosofia – esta *seria* a sua consistência. Mas, em segundo lugar, os senhores devem exigir de mim não só algo que seja filosofia, mas além disso uma filosofia que seja a filosofia que é. Já entenderão a diferença. Seria interpretar o compromisso no modo mínimo e mais cómodo para mim limitar-me a expor-lhes uma filosofia que foi. Mas uma filosofia que foi, por essa razão já não o é; tem a consistência própria de toda a filosofia mas não *é* filosofia, não existe. Para o que agora interessa apenas há estas duas formas de existência: a existência eterna tida por Deus – tomado este conceito no seu significado puramente filosófico – ou a existência instantânea. Algo existe eternamente e é divino, ou existe no instante, portanto é agora e só agora. O que foi já *não* é; com outra expressão, podemos apenas dizer dele que *é* sido; que é na forma de ter sido. Mas cedo se percebe que este modo do *é* – o ser sido – é um desses modos de existir, como o do triângulo e do centauro, que não são plenos, mas sim modos de ser, de existir não efetivos, deficientes que quase, quase se confundem com não ser, com não existir. Mais ainda, esse resto de existência que lhes sobra nem sequer é sua. O que foi é o que chamamos passado. Notem a impropriedade da linguagem quando diz de algo que *é* passado – porque se *é* passado claro está que não é, o seu ser passou e converte-se em não ser. Quando uma dor passa já não dói – quando um amor passa já não ama nem estremece. Mas o homem recorda o passado, tem-no presente ou – o que é igual – trá-lo ao seu presente, ao seu agora, representa-o e graças a isso injeta-lhe com o seu agora um pouco de sangue existencial, um pouco de ser. O passado só é, só existe fincado no presente, no agora. O passado como que consiste em ser uma das duas dimensões do presente: a outra é o futuro. O *já não ser* e o *ainda não ser* são ambos *não ser* e vivem à custa do que *é agora*.

Por isso, falando com algum rigor, de uma coisa que foi necessitamos de dizer que não é *efetivamente* o que pretende ser, mas sim que o é apenas *representativamente*, espetralmente, porque nos *lembramos* dela. Eis aqui por que digo de toda a filosofia que foi que não *é* filosofia.

Não há nada mais cómodo nem fácil do que expor uma filosofia que foi. (A verdade, verdade é que não tem havido nenhuma filosofia propriamente difícil.) Poderíamos fazer isso, os senhores e eu juntos, sem grande esforço – meio adormecidos, à hora da sesta, ou então pela manhã enquanto tomamos o *pequeno-almoço* e lemos o jornal, ou com a cabeça para baixo e os pés para cima ou enquanto ouvimos o novelo melódico de um fado desenrolar a sua melancolia.

Isso é fácil, queridos senhores – porque essa filosofia ao ter sido, *está já aí* toda, quieta, rígida, como um *chapéu de chuva*. Basta pô-la debaixo do braço e sair para passear.

Mas uma filosofia que *é*, como a que vossas excelências e eu vamos fazer juntos, não está aí: o que ainda não acabou de ser está sendo, está acontecendo em nós, estamos a sê-la. Não está aí fora, mas antes é a nossa própria pessoa que a está fazendo. De maneira que propriamente não é filosofia mas filosofar, estar filosofando, *ser*, vocês e eu, filosofia.

Isto sim vale a pena. Isto sim reclama todo o nosso esforço. O substantivo filosofia é, como todo o substantivo, uma abstração – e é preciso fazer dele um verbo que é autenticamente real. É neste sentido verbal e verbal ativo como vamos durante este curso, se o acaso ou Deus não o impedirem, vamos *ser* filosofia. Cada qual sê-lo-á conforme a sua capacidade, mas, se prestarem atenção, mesmo a mínima capacidade bastará para que, com efeito, sejam filosofia durante uma hora por semana. Que eu pareça o autor dela e vocês quem a recebe não é uma diferença importante pela simples razão de que se sou mais filosofia que os senhores, como não o sou absolutamente e ninguém o é absolutamente, de forma alguma, quer dizer que entre os senhores e eu só há uma diferença de mais ou de menos – exclusivamente –, portanto, uma diferença evanescente e que não conta muito. Julgarão que isto é um galanteio, um piropo que lhes dirijo mas estão enganados – o que se passa é que agora não posso perder tempo a demonstrar-lhes que é bastante mais real do que imaginam.

    A filosofia que é, para o ser efetivamente, necessita tomar contacto íntimo com a que foi – isto é inquestionável –, necessita absorvê-la e assimilá-la. Nós também vamos ocupar-nos dela e nalguns pontos decisivos mais estreitamente do que se fez até aqui. Mas notem que dizer de algo que o absorvemos e assimilámos não é senão dizer com outras palavras que o fizemos desaparecer. Duvido que haja outra forma mais radical de fazer desaparecer algo do que absorvê-lo e assimilá-lo. O que absorvemos conservamo-lo certamente em nós mas convertido em algo completamente novo, a saber, nós – de maneira que quando o conservamos fica abolido na forma que tinha antes de o absorvermos. Este estranho fenómeno, chave do processo histórico, em que todo o tempo novo conserva e simultaneamente deixa abolido o tempo anterior, constitui, segundo Hegel, a categoria mais importante do Espírito, que para ele é a realidade absoluta. É o que chama *Aufhebung*, palavra muito difícil de traduzir para as nossas línguas, mas que há anos propus verter através do nosso vocábulo *absorver*, uma vez que absorver é ao mesmo tempo conservar e abolir: fazer desaparecer – *Verschwinden*, diz Hegel – o que há aí e, a par, integrá-lo em nós. Um segundo amor é na sua figura e perfil sempre distinto do primeiro e é distinto precisamente porque surge depois dele, e em vista dele, e contando incessantemente com ele. De modo que o novo amor começa por ser cruel com o primeiro e assassina-o – mas, ao mesmo tempo, vê-se obrigado a retê-lo dentro de si, a abrigá-lo no seu peito e de certo modo a perpetuá-lo. Isto é ainda mais claro com as ideias humanas. A ideia nova forma-se em vista da antiga cujos defeitos evita e supera – mas isto quer dizer que a ideia nova leva dentro a velha em virtude da qual foi engendrada. Por isso, há muitos, muitos anos ocorreu-me dizer que enquanto na natureza as mães levam no ventre as filhas, na história são as ideias novas, as ideias filhas quem leva no ventre as suas mães.

Numa imensa parte de povos primitivos atuais encontramos, com efeito, homens cujo mister ou ofício é porem-se fora de si, tornarem-se frenéticos em determinadas ocasiões, usando para isso as mais variadas e, por vezes, difíceis técnicas. Umas vezes é a dança orgíaca que produz a vertigem e enlouquece o dançarino fazendo-o cair em transe extático. Outras vezes é a ingestão de bebidas alcoólicas ou a mastigação de substâncias estupefacientes. Outras é passar a noite estendido sobre a pele das vítimas sacrificiais nos templos dos deuses, onde aromas e essências provocam sonhos vivazes, o que os romanos chamavam *incubatio*. A finalidade de todas estas técnicas é apagar no homem os estados mentais que constituem a normalidade quotidiana e suscitar estados anormais que vão do sonho à alucinação. Trata-se, pois, de deixar de ver as coisas que nos rodeiam e chegar a ter visões. Ora bem, estes homens frenéticos ou visionários ocupam um lugar preeminente na coletividade a que pertencem, com frequência, o mais destacado de todos. A sua tarefa *esquisita* – aqui fica bem o vocábulo português –, a sua tarefa *esquisita* de se tornarem dementes, de se embriagarem ou estupefazerem não é um capricho ou vício privados mas é, sim, uma função pública, uma magistratura de que a sociedade necessita.

A razão para que existissem estas personagens é que a mentalidade primitiva desconhecia ainda o método intelectual que só [existe] desde há 2500 anos, data em que foi descoberto por certos homens, os quais merecem por isso congruentemente o nome de intelectuais. Este método intelectual, ou pensamento claro, racional ou lógico, parece desde então a certas minorias do Ocidente o único meio seguro para reconhecer a efetiva realidade, orientar-se nela, descobri-la. Mas a mentalidade primitiva, que ainda perdura na maioria dos habitantes dos povos civilizados, acreditava opostamente que é o sonho, a embriaguez, o delírio e o transe, que nos tornam presente a verdadeira realidade. Para nós nessas atividades mentais funciona a outra potência humana que é a fantasia e o que ela nos apresente não é realidade mas fantasmas, fantasmagorias criadas por ela. O homem primitivo preferiu sempre ao método intelectual este outro que podemos chamar fantastical[4] ou visionário. Por isso desenvolveu técnicas delirantes para obter o sonho vivaz, a embriaguez e o transe. Isto explica o surpreendente facto de que entre os inventos mais antigos da humanidade se encontre a descoberta dos estupefacientes, mais ainda, que desde os tempos mais antigos o homem conheça já quase todos e dificilmente se tenha podido depois acrescentar algum. O que se fez foi extrair e depurar os seus alcalóides, mas já aí estavam desde a hora auroral da história o ópio, o cânhamo indiano, a datura e o álcool obtido de diversas plantas. O uso do vinho e o cultivo da vide, ainda que sejam posteriores, têm a mesma origem entre mágica e religiosa. A expressão *in vino veritas* que hoje tem para nós um sentido pícaro e de *pândega* é um velho dito latino que possuía pleno vigor religioso: na exaltação da embriaguez a verdade torna-se presente. Daí que encontremos a correspondência estrita dessa expressão na Grécia onde se dizia: *oinos kaì alétheia* – o vinho, isso é a verdade! –, antífona da religião dionisíaca, pelo que Platão, quando com oitenta anos compunha o seu *Tratado das Leis – Nómoi –*, se julgou obrigado a dedicar um dos seus livros a discutir em que medida o vinho era benéfico para fins pedagógicos, religiosos e sociais. Mas mais ainda: antes de se descobrirem os estupefacientes, na Idade Paleolítica, primeira de que temos notícia de certa maneira histórica, a saber, pré-histórica, já o homem tinha encontrado uma maneira para metodicamente se pôr

---

[4] [N.T.] Cf. n.2, *supra*.

fora de si ou frenético. Com efeito, dados convergentes da pré-história e da etnografia tornam sobremaneira provável que a primeira cova ou caverna que o homem frequentou deliberadamente e a primeira cabana que construiu, portanto, a sua primeira casa não foi como habitáculo, para proteger nela a sua vida quotidiana, foi sim empregue para embriagar-se e delirar. Covas e cabanas foram inicialmente o que os etnógrafos chamam «casas para transpirar». Na cova faziam arder certas plantas, cujo fumo lhes fazia perder a razão e cair em delírio. Outras vezes introduziam pedras que tinham sido aquecidas até ao vermelho vivo e o seu calor, contido no recinto, fazia-os suar até caírem em transe. É curioso que o homem de quem se diz que é o animal racional, aquilo em que empregou primeiro a sua razão foi em procurar perdê-la – o que, como é excessivo, nos leva a suspeitar que o homem não começou por ser racional e não está tão claro como se supõe que ainda o seja.

Mas seria um grande erro, senhores, que, envaidecidos e satisfeitos ao sentirmo-nos como *nouveaux riches* da razão, nos detivéssemos em menosprezar esse método visionário da mente primitiva que consideramos improcedente e pueril e não reparássemos noutro lado muito mais importante que se nos revela no facto de o homem primigénio, como o popular hoje, ansiar por ver visões. Porque isto pressupõe que não se contentava com o que via, ouvia, tocava, quer dizer, com tudo aquilo que se nos torna presente através das perceções dos sentidos – os quais, diga-se entre parênteses, por enquistamento inconcebível de uma psicologia arcaica quase todas as pessoas continuam a crer que são cinco, quando na verdade são onze, ainda que agora não possa deter-me a especificar quais são os outros seis.

Basta pressionar não mais do que com a sombra da atenção esse facto, de o homem necessitar de ver visões e tornar-se visionário, para que dele ressume esta simplicíssima mas importante informação: que esse homem, como o de depois e o de sempre, ao achar ante si as coisas imediatas entre as quais vive e ao encontrar-se submergido por toda a vida no mundo que elas integram, portanto, no mundo patente, que chamamos «este» mundo, julga-o insuficiente – não por capricho mas porque esse mundo se compõe de meros e infinitos factos desconexos entre si, consiste em acontecer isto e isto e isto em infinita e avassaladora torrente, no meio da qual se sente perdido. Isto quer dizer que o que o mundo patente patenteia é um enigma, e por isso é insuficiente: é a presença opressora de um infinito problema e um omnímodo mistério. O que tem de patente é o que tem de enigma como as figuras de um hieróglifo estão à vista precisamente para anunciar que elas por si não têm sentido, mas o escondem, que detrás delas está o sentido e é preciso averiguá-lo, pô-lo a descoberto. De maneira que o mundo em que estamos ao viver, sem mais, aparece perante nós como uma imensa e angustiosa máscara ou *caraça*, a qual, como toda a máscara, ao mesmo tempo denuncia e oculta outra realidade, para além dela, que é a decisiva, que é a cara dessa más-cara ou *caraça* – uma realidade que é por essência latente e não patente, que é naturalmente secreta e arcana. Com frequência procuramos distrair-nos da inquietude que isto nos produz e esquecer que enquanto estamos – sem mais – neste mundo patente e imediato não estamos na verdade, mas sim na fraude, no engano, no erro – numa monstruosa mascarada, num perpétuo e involuntário carnaval. Por isso, o homem primitivo, como o de depois e o de sempre, afana-se em abrir brechas ou *buracos* na cortina enganadora que é *este* mundo, em alargar algum dos seus poros para tentar ver através dele o que há por detrás – portanto, para ver um mundo para o qual é essencial ser outro que não este. E eis aqui um tema que nos vai acompanhar durante todo o curso: o homem vivendo, ao mesmo tempo, em dois mundos – o patente que não basta e o latente que se procura –, o mundo e o além. A discussão multimilenária incide sobre o método que é mais seguro para fazer a viagem do mundo para o além. Os visionários dizem que é o delírio – os intelectuais dizem que é a razão ou inteligência.

Muitos séculos antes do VIII em que nasceu Amós havia em Israel *nebi'im* – plural de *nabi* –, havia visionários, homens extáticos, frenéticos. Havia grande número deles. A sua função era popular porque administravam as crenças tradicionais ou inveteradas e representavam a opinião pública. Praticavam rituais orgíacos, embriagavam-se, intoxicavam-se – tudo isso à conta do povo que lhes pagava um salário. Quando um homem exercita uma atividade de modo profissional não quer dizer, de forma alguma, que o faça por inspiração vocacional. Profissão e vocação coincidem às vezes mas não têm nada a ver entre si. Como o assunto tem mais importância do que parece, um dia haveremos de o investigar. Profissionais do delírio, eram, com frequência, gente pícara e subornável mas sumamente populares – Balaão com a sua jumenta profetisa é bom exemplo disso: é uma personagem semiburlesca do folclore hebreu.

Ora bem, a palavra *profetes* não significava visionário, homem extático ou delirante mas precisamente o contrário. *Profetes* eram os homens adscritos aos templos onde se emitiam oráculos – Delfos, Dodona – e a sua missão consistia em interpretar, portanto, em aclarar e declarar as palavras e rumores, por si mesmos quase ininteligíveis, que a pitonisa pronunciava ou a sibila, quando entrava em transe. É sabido que a sibila e a pítia para darem as suas respostas colocavam-se sobre uma trípode. A razão disto era que a sibila tinha de estar situada sobre um furo, algar ou *buraco* que se abria na terra – o de Delfos ainda existe –, debaixo do qual corria uma fonte subterrânea, de água mineral carregada de gases mefíticos que a embriagavam. Esse furo por onde chegava a inspiração divina, a palavra do deus, era, pois, uma brecha ou *bocazinha*, e como em latim *os, oris* designa a boca, o seu diminutivo, boquita, será *oraculum*. O oráculo é, então, propriamente a abertura estreita ou fenda da terra por onde as primitivas divindades subterrâneas falavam, oravam aos homens.

O *profetes* não era, pois, alguém delirante nem um visionário – pelo contrário, era quem com a sua mente clara, com o seu bom senso dava sentido ao oráculo ininteligível e, poderíamos dizê-lo, o racionalizava.

O *profetes*, certamente, não falava por sua conta, antes transmitia a mensagem divina – mas isto, interpretá-la e transmiti-la, fazia-o por sua conta e com a sua mente clara e lúcida. Ora bem, o tipo de profeta que começa com Amós é inimigo irreconciliável de todos os visionários, homens orgíacos e delirantes. Isto explica o que para o leitor ingénuo da Bíblia parece incompreensível: que Amós e quase todos os restantes profetas *sensu stricto* repitam, uma e outra vez, que eles não são profetas, entenda-se, *nabi* ou *nebi'im*, não são gente que ganha a vida pondo-se em delírio e embriaguez, bajulando as opiniões estabelecidas desde tempos remotos em Israel, a crença politeísta nos deuses ou *baales* e as desordens morais que ela trazia consigo.

E assim Amós oferece-nos em resumo a sua biografia quando no versículo 14 do capítulo 7 diz: Eu não sou profeta nem filho de profeta – eu sou pastor de cabras e de ovelhas em terras de Tekoa e ganho a vida para além disso colhendo os frutos do sicómoro.

«Filho de profeta» era o nome de associações ou grupos de *nebi'im*, de homens delirantes adscritos a esta ou aquela autoridade. Não se esqueça que a rainha Jezabel, segundo o Livro II dos Reis, tinha à sua volta 850 destes pseudoprofetas, que viviam da sua cozinha. Mas o surpreendente desse versículo é que, no século VIII a.C., alguém fale a partir da sua pessoa individual e ostente a sua autobiografia – para que haja desde logo clareza sobre quem diz o dizer e de quê vive quem o diz. Encontramos exatamente o mesmo poucos anos depois em Hesíodo. As contas limpas!

E então, se Amós não é profeta nesse sentido tradicional e popular, em que novo sentido o é? Como vê ele o seu papel, a sua missão, a sua vocação? Ele mesmo no-lo diz com a mais eficaz sobriedade no versículo seguinte, que irei comentar dividindo-o em dois troços: «Jahvé, Jehová tomou-me à parte quando ia atrás do meu gado» – quer dizer, Deus retirou-o das suas ocupações habituais, do relacionamento quotidiano com os outros homens, do mundo, em suma, onde primária e ingenuamente estava. Mas isto quer dizer que o deixou sem os demais, que o deixou sem o *seu* mundo – portanto, que Amós ficou só – e então, quando o homem fica com efeito e radicalmente só consigo, percebe que no fundo da sua solidão brota a fonte da verdade. Para o israelita a verdade vem de Deus – é a palavra de Deus –, para o grego a verdade é a razão das coisas, é o próprio ser das coisas. Tanto faz para o que agora nos importa, a saber, que o homem apenas descobre a verdade na solidão consigo; isto não é nada vago, misterioso, nem místico, como se pode comprovar com a simplicíssima observação de que ninguém jamais pôde pensar efetivamente, isto é, pensar de verdade e pensar com verdade uma coisa tão trivial como que dois e dois são quatro, se não for ficando, ainda que seja por um instante, só consigo, recolhido dentro de si, representando-se com lucidez, com evidência o que é ser dois e ser «mais dois» e ser quatro. Habitualmente usamos este pensamento sem pensá-lo, com efeito, mecanicamente, cegamente – não evidentemente – à conta e a crédito do nosso contexto social que no-lo garante porque, segundo parece, há uns homens chamados matemáticos que asseguram que isso é verdade. O nosso habitual pensar que dois e dois são quatro não é mais do que um cheque que emitimos sobre o banco dos matemáticos.

Eis aqui, pois, que quando o homem fica só consigo em radical solidão, em desolada solidão, portanto, sem nada, nem sequer si mesmo – porque o estranho dessa autêntica solidão consigo é que o primeiro a desaparecer é esse eu, esse si mesmo, que uma pessoa acreditava ser –, então, digo, a solidão converte-se no que S. Juan de la Cruz belamente chama a «solidão sonora». Com efeito, então é quando as coisas começam a dizer dentro do homem a sua verdade – começam a revelar-nos o que em verdade são. Na sociedade, em companhia, nas ocupações habituais temos as coisas, usamo-las, abusamos delas ou elas de nós – mas não temos o seu ser, a sua verdade. As coisas por si não podem revelar o seu próprio ser, este manifesta-se no dizer, na palavra; não têm voz, são máscaras mudas ou, se se quiser, têm uma voz silente, uma voz taciturna que só o homem que se retira do mundo e renuncia a si mesmo pode ouvir. Então esse mundo das coisas põe a sua silente voz no solitário – que é o profeta, o pensador, o filósofo, em suma, o intelectual –, põe nele a sua voz taciturna como o ventríloquo a situa na figura de cartão que mostra ao público. Não é propriamente o pensador quem pensa e quem diz – são as coisas que nele se pensam e se dizem a si mesmas. A inteligência, senhores, é esta operação de essencial ventriloquia. Este é o sentido que na Grécia tinha a palavra *logos*, *légein*, dizer.

Mas voltemos ao texto: «Jahvé, Jehová tomou-me à parte atrás do meu gado e, falando-me, disse-me: Amós, anda e sê profeta *contra* o meu povo Israel!»

Note-se que Israel, de quem Jehová diz que é o seu povo, é, ao mesmo tempo, o povo de Amós porque Amós pertence ao povo de Israel. Todo o homem, queira ou não, pertence a um povo – não há homem abstrato e em geral –, ser homem é irremediavelmente sê-lo segundo o modo ou módulo criado milenariamente por uma coletividade. Amós está feito de uma matéria que se chama Israel – por isso, é israelita, em toda a força do vocábulo. Israel é, neste sentido, o povo de Amós.

Não acrescentamos, portanto, nada às palavras de Amós, antes subtraímos, se modificando o texto dizemos «Jehová, falando-me, disse-me: Amós, anda e sê profeta *contra* o teu povo».

Ah! isto já é uma coisa muito diferente de ser *nabi* representante e porta-voz das ideias estabelecidas no povo, da opinião pública. Pelos vistos, esta nova e mais autêntica maneira de ser profeta é inversa da tradicional: o novo profeta será por essência: profeta *contra*.

Se agora procuramos a manifestação paralela a esta entre os primeiros intelectuais da Grécia, deparamos imediatamente com que o primeiro fragmento autêntico do primeiro pensador que chegou até nós, a saber, Hecateu de Mileto, posterior a Tales, mas anterior a todos os outros, diz assim ao começar a sua obra: «As opiniões dos gregos são diversíssimas e ridículas, mas *eu*, Hecateu, digo as seguintes razões».

Aqui Deus desapareceu: no seu lugar estão as razões – mas a situação é, no essencial, idêntica. Em todos estes casos um homem a partir da sua individualidade opõe a sua opinião à opinião pública. Com a energia e a nudez que, conforme disse antes, as coisas humanas mostram na hora da sua primeira aparição revela-se-nos aqui que a inteligência é uma opinião contra a opinião pública. E não é senão reconhecer o que isto significa, afirmar que o destino do intelectual é... a impopularidade. O intelectual, não por gosto, arbítrio ou capricho, mas pela própria consistência da sua vocação e da sua tarefa tem de ser impopular, impopular em todo o povo, seja ele de cima, seja ele de baixo. A sua missão é corrigir a opinião pública e levar os homens do erro em que estão à verdade de que necessitam. Como a opinião estabelecida e pública em grego se chama *doxa*, a opinião do intelectual que é sempre contra-opinião será inevitavelmente *paradoxo*. E, com efeito, a história da filosofia é, como veremos, uma série ininterrupta de paradoxos.

Nada estranho parecerá que tanto os profetas, como os primeiros pensadores da Grécia, tal como quase todos os que se seguiram e a imensa maioria de quantos no mundo vieram depois sofreram perseguição. Nem teria sentido que se queixassem disso – a impopularidade da vocação traz consigo a perseguição de quem a exerce. A missão do efetivo intelectual não é adular nem bajular, é opor-se e retificar; *rectas facite in solitudine semitas Dei nostri* – como dizia Isaías. O seu destino é, pois, áspero, rude e terrível – como se fosse uma das formas mais altas da mais autêntica virilidade. E salvo em momentos fugazes de favor, o intelectual foi sempre aquele homem de quem fala Josefo[5]: [...]

---

[5] [N.T.] Flávio Josefo ou Flavius Josephus (nome que Yussef ben Matatias adotou por se ter tornado protegido de Flávio Vespasiano e do seu filho, Flávio Tito) foi o autor do tratado intitulado *Antiguidades Judaicas*, em que há referência (de autenticidade discutida) a Jesus enquanto alvo de perseguição, não obstante a sua condição de homem sábio, que tinha seduzido muitos judeus pelos seus feitos e ensinamentos. Por outro lado, parece dever-se a essa obra o esclarecimento de que é Salomé o nome da referida pelo Novo Testamento como "filha de Herodias", inconfundível com Salomé seguidora

Rubén Darío.

Será estranho, senhores, que quem pensa assim vacile um pouco antes de receber a generosidade de um elogio?

Mas são necessárias duas advertências sobre tudo isto para que as coisas fiquem no ponto – uma é esta: seria insensato, injustificável e nulo que um homem quisesse opor a sua opinião individual à imensa mole que é a opinião pública. Não há motivo para supor que essa opinião privada de alguém como tal valesse mais do que a de muitos ou a de todos. Mas a validade que a opinião do intelectual tem reside precisamente em que não é a sua opinião particular. O teorema que o geómetra descobre, a «teoria da relatividade» que Einstein descobre não é do geómetra, nem é de Einstein. O autor é só o primeiro a quem a nova opinião se impõe pela sua evidência, pela sua verdade. Como disse antes, o intelectual começa por fazer o vazio em si mesmo para deixar que nele se aloje e manifeste a verdade. Isto é o que dá sentido a esse voltar-se do intelectual contra a opinião pública.

E agora podemos formular com termos de tecnicismo mais apertado em que consiste esse ensaio gigante que hoje se faz de eliminar a colaboração do intelectual na vida humana: o que se debate, expressado estritamente, é se o lugar onde a verdade se manifesta é na vida individual, na pessoa ou na vida coletiva, no povo. Mas, como os que falam a toda a hora no coletivo não revelam ter noção alguma clara sobre o que essa palavra significa nem sobre os problemas que ela inclui e acarreta, não temos outro remédio senão dedicar uma

---

de Jesus Cristo, porquanto aquela, filha de Herodes Antipa e que foi casada com um meio-irmão, representa a mediadora, sob influência materna, do sacrifício horrendo de S. João Batista. Dado que este episódio bíblico inspirou numerosos pintores e escritores, e Rubén Darío, no seu poema "Canción de otoño en primavera", alude aos atrativos (para o seu "amor hecho de armiño") de Herodias e da sua filha, Salomé, a anotação por Ortega (após nomear Josefo) do nome do poeta nicaraguense, ainda que elíptica, é compreensível no contexto desta ideia que estava a apresentar: embora haja momentos em que o intelectual parece ser atraente, tal não impede um desfecho negativo, surgindo como inseparáveis, portanto, as experiências de sedução e de sacrifício.

parte deste curso a tentar precisar do modo mais rigoroso e mais sem escape possível toda uma série de conceitos como coletividade, sociedade, povo, nação, internacional, ultranacional, Estado, direito, lei, costume, uso, desuso, abuso, *et cetera*. Como os senhores veem, ainda que esta seja apenas uma das *facies* ou lados do nosso curso, vai dar-nos bastante que fazer.

A outra observação é esta: não basta que uma opinião seja evidente e, portanto, verdadeira para que se imponha aos homens. Estes não costumam estar espontaneamente predispostos, abertos, francos para a evidência. Essa predisposição é precisamente aquela que o intelectual educa laboriosamente em si mesmo: é a sua técnica ou o seu artesanato. Como poderá então infiltrar a sua opinião na imensa mole da opinião pública? Como conseguirá dominar esta? O intelectual não pode de maneira alguma lutar com as forças formidáveis de paixões, apetites, interesses, entusiasmos cegos, inércias que constituem a opinião pública. A inteligência não tem qualquer força: é adinâmica. A ideia é pura transparência, é incorpórea, é espectro luminoso. Que fará face aos poderes, às forças fabulosas dos impulsos sociais? Foi um erro desculpável nos primeiros pensadores que não tinham ainda experiência da sua própria, inovadora atuação adotarem esse tom agressivo e irritante, essa atitude de pugilistas. Mas cedo o espírito, a inteligência compreendeu que, precisamente por o fundo da sua missão ser opor-se a gigantescas forças incoercíveis, a forma de o fazer não podia ser lutar com elas, punho contra punho, mas, pelo contrário, atraí-las, encantá-las, seduzi-las. Uma vez que a inteligência não tenha força, deixe-se-lhe que tenha graça. E, com efeito, ao longo de toda a história, a inteligência foi *o homenzinho da flauta* que encanta as cobras e dragões da impulsividade. No fim de contas, ao fazer isto não faz senão imitar Deus. *O theós*, o deus de Aristóteles é o ente supremo e primeiro motor do universo. Mas não move o mundo com o dedo nem empurrando-o com rudeza. O primeiro motor move o mundo mas ele mesmo está imóvel. Move-o atraindo-o com a sua perfeição, fascinando-o com o seu esplendor – e para clarificar esta ideia difícil Aristóteles usa uma das metáforas mais ilustres e agudas na história do pensamento quando diz que Deus move o mundo «como o amado move quem o ama» – κινεῖ ὡς ἐρόμενον. Ora bem, o amado move quem o ama porque o comove – quer dizer, porque o encanta, o fascina e o seduz. Eis aqui, esboçado no seu fundo e na sua forma, o para quê de os intelectuais estarem aí, o que vieram à terra fazer: opor-se e seduzir.

Lição III
O terramoto da razão

Durante as duas primeiras lições esforcei-me por registar, do modo mais sublinhado possível, que hoje, em toda a superfície do mundo, o intelectual está em questão. Se penso que isto acontece com o intelectual tomado *in genere* e sem exceção, poderão calcular até que ponto e em que grande medida estarei convencido do questionável que eu sou, sendo as minhas enormes limitações talvez mais patentes a mim do que a ninguém. Como estive sempre convencido disso, aceitei de imediato tal destino e congruentemente dei à minha vida uma figura questionável em grau superlativo, quis muito deliberadamente ser questionável e, portanto, questionado, nunca procurei defesa metendo a cabeça no escafandro de alguma magistratura solene, de algum figurão da vida institucionalizado, habitual e desde há muito definido. Neste curso averiguaremos de maneira mais precisa como toda a forma de vida que já está aí, constituída, definida e cristalizada, que se oferece, portanto, com certeza à pessoa como um molde preestabelecido onde esta pode despejar, *vazar*, o líquido fluente que é o seu viver, é sempre e por essência uma forma de vida inautêntica, o que não quer dizer que essa inautenticidade não tenha o seu lado inevitável, necessário e fecundo. Talvez ninguém suspeite hoje, mas será bem claro a meio do curso, que nisto que acabo de enunciar está concentrado e contraído o problema inteiro do que é o social, do que é a sociedade e a vida coletiva, essa coisa de que tanto se fala sempre e sempre se fala sem saber o que se diz. As profissões, ofícios, magistraturas, são – enquanto vida – inautenticidade. Igualmente o é a figura – diríamos – oficial, isto é, tornada habitual e consagrada do novelista, do engenheiro, do filósofo e todas as restantes profissões que a tradição e o uso converteram em algo assim como mascarões públicos, de quem a gente espera certo comportamento bem conhecido, a quem reconhece por certos atributos inveterados, como num quadro alegórico reconhece em certa mulher a Justiça porque leva uma balança; mascarões perante os quais as pessoas estão tranquilas porque sabem já em que fiar-se a seu respeito. Tal como há o uniforme ou a *farda* do militar que o torna reconhecível desde longe, há o uniforme físico e mental do filósofo ou do poeta. Não há maneira de convencer as pessoas de que esses mascarões ou figurinos, mesmo referidos ao passado, são falazes: é inútil fazer-lhes reparar em que Aníbal não usava uniforme, nem César usava uniforme, nem costumava levá-lo Napoleão. É inútil comunicar-lhes que Platão vestia como um homem elegante de Atenas, a cuja aristocracia mais alta pertencia, que Leibniz vestia como um marquês de Versailles, que até Immanuel Kant, que foi de origem modesta, vestia como um *petimetre*, embora nunca tenha saído da pequena cidade de província onde nasceu – Königsberg. É inútil recordar-lhes que Parménides, fundador da Metafísica, o que escreveu foi um poema, que Platão escreveu só diálogos amenos de alta poesia – salvo os arrevesamentos do seu diálogo *Parménides*, que nem sequer é certo por completo que seja seu –, que Aristóteles, Aristóteles!, não publicou mais livros, exceto a *Ética a Nicómaco*, do que diálogos ao modo platónico de que desgraçadamente só conservamos fragmentos, que nos fazem entrever que eram maravilhosos e que foram a sua única obra verdadeiramente influente no seu tempo; é inútil *lembrar-lhes* que Descartes funda nada menos que a época moderna e especialmente a moderna filosofia com um ensaio cujo estilo ou *genus dicendi* imita a literatura de Montaigne, o famoso *Discurso do Método* em que aparentemente não se diz uma só palavra de filosofia e pouco mais do que nenhuma do método, mas que é o que menos se podia esperar: uma autobiografia e em francês, coisa na altura tão escandalosa para os professores da Sorbonne como o é a minha literatura para os de Lisboa, e que no final da sua vida quis fazer a primeira exposição completa do seu sistema num diálogo que fosse uma conversação mundana entre Eudoxo, Poliandro e Epistemón. É *La recherche de la vérité par la lumière naturelle,* que teria sido, se concluído, um dos mais maravilhosos livros de filosofia e cuja intenção nos é declarada pelo próprio Descartes no prólogo. De modo semelhante Leibniz quase não publicou outra coisa do que amenos diálogos – isso é a sua famosa *Teodiceia* e os seus *Novos Ensaios sobre o Entendimento Humano, et cetera, et cetera*. Poderíamos continuar a falar sobre o tema indefinidamente porque é suculento e muito mais importante do que suporão certos intelectuais que falam de filosofia como os que tocam guitarra de ouvido. Pois eu, se acabar por *me zangar,* coisa nada fácil – porque, como veremos, há razões muito graves e essenciais que obrigam o filósofo a nunca se aborrecer ou *zangar* –, terei de agarrar pelas abas do *casaco* a um desses senhores pseudointelectuais e reclamar-lhe perentoriamente que ideia clara tem ele sobre o estilo em que estão escritos os livros *Metafísicos* e *Físicos* e *Da Alma* e o *Órganon,* de Aristóteles. Porque há aí uma questão que o citado pseudointelectual, claro está, ignora por completo. Mas não há tempo para demorar nestas escaramuças. Diria apenas que as pessoas costumam necessitar que o filósofo se apresente mal vestido e com caspa sobre os ombros e que fale ou escreva num estilo de Manual, *Handbuch* ou *Vademecum* – outra coisa defrauda a sua estereotipada expectativa.

Mas a Universidade não é um colégio – não é sequer só para os estudantes. Toda a nação deve viver, mais ou menos, a vida universitária e o doloroso é que a ela tenham dificuldade em aceder operários com mente aberta. Quando uma Universidade se reduz aos estudantes e não acontece nela nada nacional e, neste sentido, nada popular significa que a Universidade degenerou e se converteu novamente em deplorável involução num colégio de crianças. Mas para isso é preciso abandonar nos cursos gerais o estilo de Manual, *Handbuch* e *Vademecum,* estilo pelo qual sinto só um robusto desdém. Porque é preciso dizer que *nunca, jamais* veio nada criador importante e novo à Filosofia num livro ou discurso que tenha o estilo do Manual, *Handbuch, Vademecum* ou de uma lição soporífera dada a colegiais. Isto justifica o que haja de áspero naquilo que disse – mas, além disso, dados os tempos que correm, espero que não seja demasiado estranho.

As pessoas e às vezes os que mais se gabam de ser peritos necessitam de mascarões, uniformes, *fardas*. Quando estes faltam desorientam--se e isso irrita-os: são incapazes de abrir bem os olhos, com retina fresca e nítida, sem preconceitos perante a realidade que se lhes depara e que, em rigor, é sempre concreta e singular, é sempre nova e imprevista, o contrário de um mascarão preexistente, de uma *farda*, um uniforme consagrado. Por isso, quem *pretende* ser alguma daquelas coisas costuma aceitar o mascarão, costuma vestir o uniforme. É precisamente isto o que eu julguei não dever fazer pelo facto de não pretender ser nenhuma dessas coisas ilustres e sabidas, pois só pretendi, sem mais, ser, ir sendo... e já veremos o que daí sai. Como posso não parecer – mesmo descontadas as minhas limitações – um ente o mais questionável e equívoco do mundo? *Eu não creio senão no equívoco*, porque a própria realidade é equívoca e toda a simplificação e tudo o que pretenda ser inequívoco é adulteração ou falsificação da realidade, é lugar-comum, trejeito, pose, frase feita. Por isso, se alguma vez alguém tiver a curiosidade humana e o luxo da atenção supostos pelo querer interessar-se pelo que eu faço e pelo que vou sendo, primeiro surpreende-me e depois agradeço-lho com a mais efetiva e comovida sinceridade. Agora, o que estou decidido é a não ser o que os outros queiram – mascarão, uniforme, *farda*! E como estimo apenas aquele – homem ou mulher –, aquele a respeito de quem *não* sei facilmente a que me ater, desejo também que os outros não saibam a que ater-se a respeito de mim, e duvidem de se sou só um filósofo ou se só um poeta ou se, acaso, não sou sequer nenhuma das duas coisas, mas antes um ornitorrinco, assunto muito a propósito. Mas comportando-me dessa maneira não classificada e imprecisa, creio fazer aos outros a maior homenagem, o que de mais profundamente respeitoso e mais fértil um homem pode fazer.

Mas tudo isto fica dito com a principal intenção de agradecer o interesse pouco previsível que estas minhas lições despertaram em Lisboa e a generosa abundância com que vocês acorreram a escutá--las – abundância ao ponto de que, chegando a ser superabundância, o senhor diretor da Faculdade decidiu que abandonemos a casa solarenga dos seus estudos. Eis que a cátedra se tornou nómada e anda vagabunda pela Terra – pela *Gea* – e agora levantou a sua tenda de beduíno nesta Sociedade de Geografia. Mas, por isso mesmo, necessito registar da maneira mais expressa que não devem esquecer nem por um instante que esta mesa em frente da qual falo continua a ser formalmente, ainda que a sua matéria seja diferente, a cátedra de Filosofia da Faculdade de Letras de Lisboa. Importa-me muito que isto esteja presente nas almas dos que me escutam, em primeiro lugar, porque é a pura verdade, já que a necessidade acidental de maior espaço não pode alterar a substância das palavras que o vão encher; e em segundo lugar, porque sendo o meu modo de ser catedrático tudo o que de *esquisito* vão vendo e a minha maneira de falar *ex cathedra* a que já conhecem, e que com umas ou outras variantes usei durante trinta e quatro anos – comecei muito pouco depois dos vinte – nos meus cursos gerais, não nos de seminário ou privados, esse estilo de falar requer, como parte essencial de si mesmo, partir, descolar de uma cátedra no sentido mais tradicional e herdado, necessita apoiar--se constantemente nela.

Eu afirmava na lição anterior que o mínimo que se pode dizer da Filosofia é que é algo que o homem faz. É um dos inumeráveis *haceres* do homem. «*Haceres*» – plural de *hacer* – é um vocábulo que não se usa em espanhol: representa um neologismo[6]. Coisa parecida suponho que seria possível em português – *os fazeres*. Não me é fácil renunciar

---

[6] [N.T.] Neste contexto mantemos os registos de *hacer* e *haceres* em espanhol e assinalamo-los com itálico, para que possa ressaltar o esforço de tradução que Ortega faz a seguir, estabelecendo um paralelo com a Língua Portuguesa.

a esta inovação porque é um conceito que necessitarei de usar constantemente e cujo sentido, por isso mesmo, tenho urgência em precisar.

Há dias deambulava eu pela praça das Amoreiras que é uma das mais lindas praças de Lisboa e que merecia maior favor da fama. À sua beira há um *cantinho* chamado o Alto de São Francisco que é estupendo e que recomendo a pintores e poetas do novo estilo. Eu chamo-lhe a Praça de Picasso. Pois bem, enquanto ia e vinha por aquele recatado e tranquilo espaço premeditava esta lição. Uma pessoa amiga passava e perguntou-me: «Que faz o senhor aqui?» Eu respondi: «Passeio e penso um pouco». Pelos vistos, eu estava fazendo duas coisas. Isto sugeriu-me que aquele brevíssimo diálogo era um exemplo aproveitável para a lição de hoje.

Passear é um mover as pernas avançando sobre o solo firme da terra, é andar. É uma operação que os nossos músculos executam por si mesmos sem que o nosso eu intervenha nela. É uma atividade orgânica. O homem possui um número enorme de atividades orgânicas que o corpo executa por sua conta. Assim são a digestão, a circulação, a respiração, *et cetera*. São todas elas mecanismos fisiológicos, somáticos ou corporais que funcionam automaticamente. O seu funcionamento não só é independente da nossa vontade como esta não pode exercer sobre ele nenhuma influência direta – é assim na digestão e na circulação do sangue. Noutras, como no andar, a nossa vontade *pode* intervir mas exclusivamente para o disparar, suster ou deter o seu funcionamento e as modalidades que isso implica, como andar mais depressa ou mais devagar. Mas na própria atividade a nossa vontade não intervém. Portanto, eu não a faço. O fazer, pois, não é, sem mais, atividade. Porquê então, ao amigo que perguntava o que estava eu «fazendo», respondi «passear»? Se reflito sobre o que queria dizer, se torno explícito o sentido que dou à palavra «fazer», encontro isto: não só o meu corpo executava a atividade «andar», mas também eu *tinha querido* que fosse executada – por isto considerava que eu a fazia. O fazer, então, compõe-se de dois fatores ou ingredientes:

1º o exercício efetivo de uma atividade que o homem afete;
2º a vontade de a exercitar ou de a querer.

Eu podia estar andando por aquela praça em estado de sonambulismo. A atividade seria idêntica mas não teria sido querida por mim – eu não a fazia. Há, pois, um deambular, andar ou passear que é um fazer e há outro que é pura e simples atividade orgânica – precisamente a que se chama andar adormecido ou *sonambular*.

Acontece o mesmo com a outra coisa que eu estava fazendo: pensar. Tanto faz que se tratasse de mero fantasiar ou imaginar, ou de um pensar *sensu stricto*, quer dizer, rigoroso. Na nossa mente surgem cadeias de imagens: a produção destas cadeias de imagens é uma atividade psíquica que chamamos imaginação, fantasia, ou então memória, conforme as imagens apareçam adscritas, ou não, a um determinado pretérito. Eu encontro-me com as minhas imagens como me encontro no meu ambiente sensível, com figuras visíveis, com sons – sem que eu o faça. Eu não faço as minhas imagens, nem as minhas recordações. Imaginação e memória são mecanismos mentais que funcionam por sua conta. O que pode acontecer, e na realidade acontece com frequência, é que o homem *se ponha* a imaginar ou *se ponha* a recordar, isto é, que voluntária e deliberadamente provoque, dispare o funcionamento desses dois mecanismos: por exemplo, o romancista que imagina a trama de um romance; por exemplo, o homem que escreve as suas memórias. Um e outro provocam por sua vontade a atividade de imaginar e recordar – mas não intervêm na própria atividade nem podem intervir. A atividade, uma vez provocada ou disparada, funciona automaticamente.

A imagem que brota de súbito aparece perante mim, mas não como saindo ou emanando de mim. Por isso a expressão «eu imagino» que a nossa linguagem usa é, em rigor, imprópria. Porque o verbo ativo não significa só uma atividade – aqui, imaginar –, mas, além do mais, significa ou conota que essa atividade emana, procede do sujeito gramatical. Por isso os verbos têm conjugação pessoal – quer dizer, modificam a sua forma lexical consoante o sujeito gramatical – e, por isso, há primeira, segunda e terceira pessoa, há singular ou plural e ainda, no plural, algumas línguas distinguem o plural exclusivo do plural inclusivo, em grego havia ainda o dual, que precisa serem dois e não mais quem exercita a ação, e as línguas melanésias, o *kiwai*, por exemplo, possuem além disso o trial, isto é, em que são três os sujeitos agentes, e noutras línguas a forma verbal varia segundo o sexo do sujeito. O cúmulo disto está naquelas linguagens de povos primitivos – como acontece com os polinésios – em que uma mesma atividade, por exemplo, andar ou comer, se expressa com verbos de *raiz diferente* consoante se quem anda ou come é o rei ou é um dos seus súbditos, a maioria das pessoas. Até este ponto o verbo ativo conota a sua origem ou emanação com o sujeito da atividade!

Neste sentido, pois, digo que a expressão «eu imagino» é imprópria, não designa um fenómeno autêntico e puro. «Fenómeno» (ridículo vocábulo que os filósofos de hoje temos que suportar por herança de um dos nossos mais geniais mestres, dos mais geniais, mas também dos mais injustificadamente pedantes – de Kant, em suma –, ainda que, claro está, Wolff e Leibniz o tivessem usado já, mas escrevendo em latim), «fenómeno» significa, sem rodeios, tudo o que se nos apresenta ou aparece, se o tomamos tal e como se nos apresenta e aparece, sem acrescentar nem tirar nada. Neste caso o que se nos apresenta é o nosso ato de imaginar e, se nos atemos ao que se nos torna patente, reconheceremos que não sou eu quem imagina mas, sim, que me encontro com as imagens, portanto, não sou eu, mas *algo*, que produz, suscita em mim as imagens.

O mesmo acontece com ver, ouvir e as restantes perceções. São atividades em que eu intervenho, só me é dado suspendê-las, fechando os olhos, tapando os ouvidos – ou facilitá-las, procurando algo com os olhos, pondo o ouvido atento. Aqui a linguagem distingue melhor a simples atividade do fazer – quando contrapõe ao simples ver o olhar e ao mero ouvir o escutar. Enfim, acontece exatamente o mesmo com o mais rigoroso pensar – o qual consiste numa série de operações automáticas, tais como distinguir, identificar, comparar, inferir, *et cetera*. O pensar produz-se umas vezes espontaneamente e outras por movimento do nosso eu – isto é, *pomo-nos* a pensar – mas tão-pouco intervimos na sua atividade. O pensamento é um mecanismo mental e nada mais, ainda que um mecanismo que está mais ou menos à nossa disposição como a Gillette com que fazemos a barba ou o *elevador* com que subimos para nossa casa. Mas o surpreendente é – e a isso me referi no começo destas lições, tocando um tema que, na minha opinião, é filosoficamente muito mais importante do que alguns julgaram –, o surpreendente é que até mesmo o pensamento criador dos conceitos mais exemplarmente rigorosos funciona por vezes tão súbita e inesperadamente que a inteleção, longe de parecer engendrada por nós, parece antes que tropeçamos nela como numa pedra fora de nós. Daí que se tenha podido resolver, dormindo, problemas matemáticos da mais alta complexidade, problemas para os quais durante muito tempo a pessoa *acordada* se esforçava em vão para lhes achar solução. O exemplo mais preciso e famoso é a solução das funções fuchsianas por Poincaré que ele mesmo minuciosamente nos refere. Tal como há um *sonambular*, poderíamos dizer que há um *sonopensar*.

    O que dá a uma atividade o carácter de fazer humano é, então, a nossa vontade de querer ou não exercitá-la. Ora bem, o nosso querer consiste sempre em querer algo, mas para além disso, em querê-lo por algo e para algo. Aquele senhor que me está a ouvir move-se agora na sua *cadeira* por ser incómoda a situação ou a postura em que estava e para conseguir outra postura ou situação menos fastidiosa. O *porquê* queremos algo chama-se motivo do nosso querer, move-nos a querer. O *para quê* nos movemos é a finalidade ou fim. E aproveito o que o exemplo de mover-se na *cadeira* tem de extrema humildade, de trivialidade, para registar que o *porquê* desse senhor se mover – o *motivo* – é o que chamamos uma *necessidade* ou mister humano, e o *para quê*, essa outra posição mais cómoda a que aspira – o fim – é, nem mais nem menos, o que se chama, com um nome carregado ao mesmo tempo de beatice e de romantismo, um Ideal. Os grandes e ilustres ideais, que orientam a vida toda de um homem ou a de todo um povo ou da humanidade inteira, não têm de Ideal nem mais nem menos do que de Ideal tem a nada ilustre aspiração a estar cómodo na sua *cadeira* o coitado senhor que estava incómodo.

O decisivo, portanto, no fazer humano é o que tem de ato voluntário, de ser querido pelo homem e, *graças a isso, é este o causador, gerador e responsável perante si mesmo, do seu fazer*. Mas no querer, na vontade, por seu turno, encontramos como primeiro elemento o *motivo* que move ou a mobiliza, que está, digamos assim, por trás dela, *a tergo*, e a empurra. Mas a esse motivo chamámos *situação*. Com efeito, o *porquê* fazemos algo há que procurá-lo sempre numa situação em que nos encontramos, à qual reagimos querendo outra melhor e, para obter essa outra situação que ambicionamos, para fazê-la, decidimo-nos a exercer uma atividade, a executar uma ação. *Todo o fazer humano é ininteligível se não procurarmos descobrir e representar-nos a «situação» que o provocou*. Quem sabe, quem sabe se no *porquê* e no *para quê* do fazer humano *se esconde a chave de um problema* talvez o mais fundamental de todos, tanto que não só nunca foi esclarecido mas a filosofia nunca se tinha sequer atrevido a colocar: o problema da própria inteligibilidade, quer dizer, como se explica ou pelo menos se esclarece um pouco o facto absoluto e misterioso de que exista no universo o que chamamos *sentido*, – νοῦς – o inteligível como tal, o que permite que entendamos ou não entendamos – e, portanto, que pensemos – porque o que se entende é o sentido de uma frase e o que não se entende é o seu contra-sentido. É a questão tremenda do que Cícero, tomando-o dos estóicos, chama *lumen naturale*, ideia que foi transmitida por ele e que Santo Agostinho já recebeu dele, e dos neoplatónicos. Mas nem os estóicos, nem menos, claro está, Cícero, nem os neoplatónicos, nem Santo Agostinho, procuram fazer-nos ver em que consiste e limitam-se – por exemplo este último – a dizer que nos vem de Deus, pelo hábito muito respeitável, mas muito cómodo, de descarregar nos ombros de Deus todas as cargas incompreensíveis que sobre o homem caem. Mas deixemos agora este problema abismal.

O homem encontra-se em todo o instante numa determinada situação geral que se decompõe em elementos parciais dela, até aos mais mínimos e humildes – os quais, por sua vez, também se devem chamar «situações». Assim, a postura incómoda do corpo do ouvinte na *cadeira* é uma situação, por mais minúscula e insignificante que queiram, mas, não obstante, uma situação ou postura, ao ponto de ser precisamente de onde vem o próprio vocábulo «situação».

«Situação» vem de *situs*, particípio de *sino*, colocar, deixar. Mas cedo *sino* se retraiu ao significado «deixar», moralmente e não espacialmente. O seu sentido primitivo de colocação espacial passou para um composto de *sino*: *po-sino*, que deu *pono* – pôr; e daí: situação – por um lado e por outro: *positum - impositum - propositum - expositum - po-sitio - po-situra*, posição e postura.

Já veem como no exemplo trivial do senhor que incomodado se move na sua *cadeira* havia mais do que à primeira vista se supôs.

Nas minhas lições, senhores – e permito-me adverti-lo em vosso benefício a fim de que, já que fazem o esforço generoso de vir aqui, lhes sirvam para algo e as aproveitem plenamente –, nas minhas lições, como vão descobrindo, há que estar muito alerta: porque, quiçá, um exemplo que apresento, e se diria sem grande transcendência e escolhido ao acaso, como pura *brincadeira*, acaba depois por ser, sim, uma *brincadeira* mas uma *brincadeira* grávida de nove meses. E isto é o que os intelectuais de aldeia chamam a literatura das minhas lições. Pois não faltava mais nada senão que nas minhas lições não houvesse literatura! Será de ver a ideia que estes aldeões têm do que é literatura!

Aquele ouvinte que não está cómodo na sua cadeira está, pois, numa situação, mas numa situação meramente corporal e simplicíssima, que, por esta razão, é apenas componente mínimo de uma situação mais ampla: aquela em estão agora todos vós, estando nesta sala, ouvindo uma lição de filosofia ou talvez de literatura – não se sabe bem. Vocês estão, pois, numa situação sobremaneira equívoca. Mas esta, por sua vez, naqueles que são portugueses, articula-se dentro de uma situação ainda mais ampla e mais substanciosa – a que representa existir como português em 1944 d.C. –, o que podemos chamar a situação que *é* hoje Portugal. Mas esta faz parte da situação atual do mundo. E como à situação atual e geral do mundo precederam outras inumeráveis, achamos que a história universal não é senão a situação integral do homem, que compreende todas as outras situações e representa a realidade concreta e total que foi o destino do homem no seu completo desenvolvimento histórico até à data presente. A série de situações diferentes por que o homem passou é numerosíssima. Cálculos que se baseiam em investigações geológicas, sobretudo no estudo dos períodos glaciares, permitem, pela primeira vez, precisar com alguma aproximação num milhão de anos o tempo que a espécie humana tem sobre a terra! Pode-se conjeturar se em tão longo percurso terá visto situações de todos os tipos! Mas, por muito diversas que essas situações tenham sido, terão alguns caracteres comuns que nos permitem dizer que são situações do viver humano. Se isolamos esses caracteres comuns, permanentes e idênticos, que servem de substrato perene a essas incontáveis e diversíssimas situações, teremos propriamente o que devemos chamar «a vida humana», a qual, portanto, é ela mesma uma «situação», a situação – a situação essencial –, aquela em que *consiste* ser homem. Por isso, um escritor inglês – MacNeile Dixon – pôde dar a um livro seu o título lindo *The human situation*. É uma pena que o mais interessante do livro seja o título!

Esta breve análise do *fazer* permite-nos expressá-lo, para que fique bem claro, de duas maneiras: uma, nessa lista explícita dos seus momentos ou ingredientes que antes li.

A outra expressão é simbólica e constitui rigorosamente uma fórmula no sentido estritamente matemático da palavra. É, com efeito, uma espécie de fórmula algébrica ou de uma lei física, mais ainda, é a expressão mais puramente lógica, o que a nova lógica, ou lógica matemática, chama uma «função de juízo» ou «função proposicional» – em que há certas constantes e certas variáveis. Não é o momento adequado para explicar o que significa uma função proposicional ou expressão formal. Depois vê-lo-emos e bem a fundo, porque é a chave ou instrumento universal que nos possibilita pensar eficazmente sobre qualquer problema, seja científico, seja da existência prática. E esse maravilhoso instrumento – não suficientemente destacado por ninguém, nem sequer por quem o forjou –, isso sim, gostaria de o deixar nas mãos de todos vós como presente com que agradeço a vossa atenção, da mesma maneira que poderia oferecer-lhes uma máquina de escrever, um automóvel ou um *frigidaire*.

Mas, reduzindo-nos ao mais imprescindível para que se entenda a intenção da fórmula, direi:

Ela trata de expressar simbolicamente, isto é, com palavras e signos, a estrutura que todo o fazer humano possui, aquilo, pois, em que consiste ou, usando a terminologia exposta na lição anterior, a sua consistência. Mas os fazeres humanos possíveis são infinitos e todos, mais ou menos, diferentes. No entanto, todos eles, por diferentes que sejam, terão certos elementos comuns, permanentes, constantes que são os que nos permitem chamar a todos, por muito díspares que sejam, através do mesmo nome «fazer». Teremos, então, que em todo o «fazer humano» haverá uns elementos constantes e outros variáveis, isto é, distintos em cada caso.

Na nossa fórmula os elementos constantes são: executar uma atividade – o *por* e o *para* do fazer. Por serem constantes podemos, na fórmula, designá-los pelos seus nomes próprios; pelo contrário, os elementos variáveis, que em cada caso são distintos, têm de ser simbolizados ou designados por signos vazios que representam na fórmula ocos que ela nos convida a encher com as determinações em cada caso correspondentes. Assim, se aplicamos esta fórmula ao caso concreto e simples que era o mover-se um ouvinte na sua *cadeira*, teremos que no oco designado por A – que significa a atividade concreta que executa – poremos = «mover-se na *cadeira*»; no oco que representa o motivo poremos = «situação corporalmente incómoda»; e, no oco que é F ou finalidade, diremos = «estar mais cómodo». Uma fórmula algébrica, uma função proposicional ou como eu prefiro dizer mais simplesmente, para o que em verdadeira filosofia (que como veremos é quase, quase o contrário da matemática e da lógica), em verdadeira filosofia importa, um *esquema conceptual* consiste numas constantes e nuns ocos – *leere Stellen*, lugares vazios, dizem os matemáticos alemães. Se queremos esclarecer qualquer fazer do homem usaremos a fórmula e buscaremos no fazer o que dele pode encher os lugares vazios. Como veem tudo isto é simples como dar os bons-dias; simples como dar os bons-dias e igualmente aborrecido. Desgraçadamente, não há outro remédio senão ter limpos e em bom uso alguns instrumentos conceptuais como este. Chegava o momento inevitável de expor essa fórmula do fazer porque, para o que em breve vou dizer que é formalmente o começo já positivo ou dogmático deste curso, era imprescindível esclarecer a relação entre o nosso fazer e o que chamei «situação».

E agora podemos voltar ao nosso ponto de partida em que afirmávamos ser o menos que da filosofia se pode dizer, dizer que é algo que o homem faz. Porque agora, para formarmos uma ideia clara desse fazer que é filosofar, sabemos que é preciso retroceder à situação que o provoca, que a filosofia não é senão uma determinada reação a uma determinada situação. Quando as mudanças de situação são mínimas, o pensamento filosófico não necessita de variar muito e arrasta-se sonolento sob a forma de quotidiana habitualidade e há aí – no âmbito público – uma filosofia que se pode tomar tão simples e mecanicamente como costumamos tomar o *carro elétrico*.

Mas quando a situação sofre uma mudança radical – entendam bem, *radical*, portanto, há uma mudança de raízes, o que supõe um prévio *desenraizamento* – a filosofia não tem outro remédio senão ser uma reação também radical e vê-se forçada a renovar *radicalmente* o aspeto dos seus problemas perenes, o repertório dos seus conceitos fundamentais, inclusive, talvez, os mais fundamentais e, por consequência inevitável e secundária, a sua vocação, os seus modos de dizer e de se manifestar.

Ora bem, encontramo-nos numa destas mudanças radicais. A filosofia que *é* – frente a toda aquela que foi – tem que partir da situação atual da inteligência; e com isto chegamos ao que eu, destreinado e insensato, acreditei poder chegar na minha primeira lição.

Que mudança se produziu na situação da inteligência, da razão? A filosofia nasceu – depois o veremos um dia com muito pormenor – como descobrimento da inteligência, da razão. Foi, pois, uma e a mesma coisa com estas. Toda a mudança que estas sofram a afeta. Qual é, então, a que agora se produziu, a que agora vivemos?

Por sorte, neste ponto posso ser breve, inquestionável e contundente. Basta-me ler o seguinte parágrafo de Edmund Husserl – portanto, do filósofo que, sem comparação possível com ninguém, exerceu maior influência nas investigações filosóficas de todo o mundo durante este século até agora. O parágrafo procede do último livro que Husserl, por si, publicou em 1929 e que se intitula: *Formale und transzendentale Logik* (p. 4).

Diz Husserl[7]:

[«A situação atual das ciências europeias obriga a reflexões radicais. Acontece que, em suma, essas ciências perderam a grande fé em si mesmas, na sua absoluta significação. O homem moderno de hoje não vê, como via o "moderno" da época da Ilustração, na ciência e na nova cultura por ela plasmada, a auto-objetivação da razão humana, isto é, a função universal que a humanidade criou para tornar possível uma

---

[7] [N.T.] No manuscrito de Ortega não está a transcrição do texto de Husserl mas, sim, a respetiva referência, com indicação da página. Dado que o autor já tinha usado esse excerto em «Apuntes sobre el pensamiento, su teurgia y su demiurgia» (cf. ORTEGA Y GASSET, José – *Oc*, VI, pp. 6-7), os organizadores das *Obras completas* incluíram-no entre parênteses retos, bem como um parágrafo de comentário de Ortega publicado naquele seu artigo de 1941. Nesta versão, reproduzem-se também, por isso, as aspas, para além dos parênteses.

vida de verdade satisfatória, uma vida individual e social criada pela razão prática. Essa grande fé, num tempo substitutivo da fé religiosa, a fé em que a ciência leva à verdade – a um conhecimento de si mesmo, do mundo, de Deus, efetivamente racional e, através dele, a uma vida sempre capaz de ser melhorada, mas digna em verdade, e com certeza, de ser vivida – perdeu inquestionavelmente o seu vigor em amplos círculos. Por isso se vive num mundo que se nos tornou incompreensível, no qual as pessoas se perguntam em vão pelo seu *para quê*, pelo seu sentido, outrora tão indubitável, tão plenamente reconhecido por entendimento e vontade.»

«Todo aquele que conheça bem o que representa Husserl – a figura filosófica de influxo mais extenso até agora neste século – não pode deixar de ler estas linhas com forte emoção. Em primeiro lugar pela própria catástrofe que enuncia, mas, em segundo lugar, porque Husserl é, como pensador, um racionalista extremo, o último grande racionalista, que quis revalidar o ponto de partida tomado pelo primeiro, pelo imenso Descartes, pelo que nele veio enriçar-se o riço do racionalismo. Em terceiro lugar, porque quem conhece Husserl sabe que não dizia nada que não estivesse "vendo". Em quarto lugar, porque é, creio, o único parágrafo que há em toda a sua obra onde se fala de um facto transcendente às próprias ciências, de um facto que as transborda e envolve, em suma, de um facto universal humano. Em quinto e último lugar, porque Husserl vivia sempre no maior retiro, porque não andava farejando pelo mundo nem preocupado com "informar-se". Que pressão não terá, pois, o facto por ele tão sobriamente descrito, para ter penetrado no seu retiro e se lhe ter tornado patente e tendo tido que "o ver"?»]

Mas tudo isto interpreta o parágrafo lido de Husserl tomando-o no seu conjunto e, por assim dizer, visto por fora. Evidentemente há algo mais no que ele diz, detrás do que ele diz, e a que as suas palavras são alusão porque Husserl era um filósofo feliz no sentido de que podia dirigir-se a um público de homens de ciência que estavam inteirados da ciência efetiva, a qual só a ciência posta em dia é.

E, com efeito, notem que Husserl diz: «As ciências perderam a grande fé em si mesmas». Não se trata, então, e só, de que o homem da rua duvide da ciência, nem que a situação social do intelectual tenha mudado – de que julguei forçoso falar por muitos motivos, mas entre eles por este muito preciso de contrapor, para que se visse claramente a diferença, à situação do intelectual a situação da inteligência. Não se trata, digo, de tudo isso, nem sequer de que o homem de ciência vacile na sua crença nela – não, *é a própria ciência que perdeu confiança em si mesma*. E como na ciência não têm cabimento indefinições nem difusos estados de alma, essa desconfiança tem que ter, por força, um perfil rigoroso e terrivelmente preciso, quer dizer, que a desconfiança da ciência em si mesma tem que ser uma verdade científica.

Trata-se disto – *nada menos do que disto*. Existem três ciências que constituíam a acrópole, a cidadela da inteligência ou razão – que eram, portanto, uma só coisa com ela. São a física, a matemática e a lógica. Elas formavam a terra firme e compacta sobre a qual a humanidade se sustinha, sobretudo nos últimos séculos. Da sua solidez substanciosa se nutria a fé na razão que foi a base latente de que viveu em toda essa época o homem civilizado e, em rigor, o homem do Ocidente desde há 25 séculos – porque o cristianismo, a fé religiosa sentiu-se obrigada desde Santo Anselmo, portanto desde o século XI, a apoiar-se na razão, na inteligência, necessidade que se expressa na sua famosa frase programática: *Fides quarens intellectum*, que a fé procure inteligência. Não é possível que naquelas ciências – física, matemática, lógica – se produza a menor insegurança sem que todo o orbe da razão estremeça e se sinta em perigo. Mas eis que desde há trinta anos uma progressiva apreensão acompanha o extraordinário desenvolvimento destas disciplinas. O físico, o matemático, o lógico percebem *pela primeira vez* na história destas ciências que nos *princípios fundamentais* da sua construção teórica, nas suas próprias bases se abrem subitamente fissuras, abismos insondáveis de problematicidade. Esses princípios eram a única terra firme em que a sua operação intelectual se apoiava – e é *precisamente* neles, no que parecia mais inalterável –, não neste ou naquele membro particular dos seus organismos teóricos, onde o abismo se anuncia.

Se há algo fundamental, básico em física é o conceito de matéria e o princípio de causalidade – bem –, pois eis aqui que a matéria se volatilizou entre os dedos do físico e já *não há matéria*. O princípio de causalidade, já debilitado por a nova física ter chegado a consistir principalmente em leis estatísticas e não constitutivas – um dia explicaremos isto – ou o que é, por agora, igual, degradada a verdade do conhecimento físico, de pura e simples verdade como antes pretendia ser, a mera verdade provável, a mera probabilidade – expressemo-lo *grosso modo*, dizendo que hoje a física não pretende dizer-nos que as coisas sejam deste ou daquele modo, mas sim apenas que o são... provavelmente... –, esta despromoção da sua verdade, digo, recebeu a última punhalada com o princípio da indeterminação que o descobrimento dos «*quanta*» luminosos traz consigo. Como já não há matéria, já não há causalidade ou, o que é o mesmo, ambos os princípios estão *radicalmente* em questão. A situação na física é tal que há mais de quinze anos as suas revistas especializadas publicavam incessantemente artigos em que os físicos perguntavam uns aos outros de que falavam as suas fórmulas, se ao que elas dizem corresponde alguma realidade ou são meros artifícios ainda que úteis e consequentemente – atendam, os senhores, à ultragravidade que isto implica –, consequentemente, interrogavam-se se se podia continuar a chamar à física *conhecimento*! Não pretendo que entendam agora o sentido intrínseco de tudo isto; não faz falta, depois chegará a hora em que o verão claro. Agora importa *apenas* que tomem nota do facto tremendo, e há cinquenta anos imprevisível, de que os físicos – não os filósofos –, *os físicos* pensem assim da sua física – isto é, confessem não saber bem que é o que em rigor estão fazendo quando estão fazendo física.

Trata-se, com efeito, do que hoje se costuma chamar «a crise dos fundamentos» nas ciências. Porque acontece coisa semelhante com a matemática e, mais ainda, com a lógica. Mas a lógica é a própria ciência do *logos*, da razão, é a própria essência da razão. Até há pouco, pois, a lógica continuava pouco mais ou menos como Aristóteles, o seu primeiro sistematizador, a deixou – e essa lógica de Aristóteles é apenas o esboço de algumas pequenas partes da lógica. A lógica era, então, em rigor apenas um admirável projeto, um programa, bastante preciso, mas ainda só programa e não a sua realização. Quando em tempos recentes se tentou de verdade, a fundo, por completo, *construir a lógica* e conseguir que, com efeito e não na ilusão de um programa, *haja* lógica, descobriu-se com espanto que era impossível, que, *entre outras coisas*, o seu princípio mais importante – o chamado princípio do terceiro excluído – era falso. E pudemos ler o mais inaudito: que o genial lógico-matemático, cuja influência durante os últimos anos foi nestas duas ciências, não direi a mais extensa, mas sim a mais penetrante – o genial matemático holandês Brouwer –, pôde referir-se à lógica chamando-a desdenhosamente a *soi-disant* lógica.

A lógica – *soi-disant*! Os senhores apercebem-se bem, bem da enormidade que isto significa, sem rodeios, que a lógica é i-lógica, portanto, que não há lógica. Isto tudo é o que chamo – e não me parece exagerada a imagem – o terramoto na razão!

Haverá quem – e note-se que agora aludo a personagens puramente imaginárias e não tenho motivo algum para supor que alguém aqui tenha reagido assim, entre outras coisas porque o que acabo de dizer, pelo menos na sua forma radical que é a interessante, é seguramente novo por completo para a intelectualidade portuguesa mas é tanto mais possível dados os tempos que correm e a condição dos homens peninsulares –, haverá pessoas que ao ouvir isto digam, com a sua habitual e barata petulância, que isso não as preocupa. São pessoas que procuram tornar a vida fácil e o mais fácil é dizer coisas perentórias, que pareçam inequívocas, dizer coisas irresponsável e gratuitamente. Mas a vida não é fácil, o que é fácil é dizer isso: que uma pessoa não se preocupa com isto ou aquilo, mas é difícil que isso – certas coisas não preocuparem – aconteça realmente, seja. No caso presente a coisa é clara: para que possa, com efeito, não preocupar o facto a que chegou a inteligência de que *não há lógica* ou, o que é igual, que a lógica se tornou questionável, o requisito ou condição mínimos é que se entenda o que isso significa e acarreta. E essas pessoas ainda não têm a menor ideia do que isso representa! Portanto, *dizem* que não os preocupa – porque isso é fácil – mas não se preocupam, efetivamente, porque isso é difícil. Um dia haverá que falar aqui por completo sobre este hábito do dizer irresponsável, que é um dos vícios mais graves do homem peninsular, de um lado e outro da nossa doce fronteira, da qual vem, a propósito, parte do meu sangue, oriundo de Olivença, povoação que esteve sempre indecisa entre pertencer a Portugal ou pertencer a Espanha, o que origina que, equívoco em tantas coisas, às vezes acordo perguntando-me: vamos ver se no fim de contas sou português! Haverá que falar, repito, da irresponsabilidade no dizer, característica do homem peninsular e que se liga à sua nativa insolência e à sua habitual petulância, porque esse vício torna impossível toda a vida em comum que tenha cariz de seriedade e destrói toda a possível colaboração, portanto, toda a vida coletiva com sentido construtivo e criador – não importa em que direções políticas, por opostas que sejam – que se tente. Notem que ao chamar-lhe «dizer irresponsável» não só dou a entender que é um dizer as coisas sem tom nem som, sem fundamento objetivo e simplesmente «porque sim» – não –, o mais grave do «dizer irresponsável» é que quem diz não procurou minimamente que *isso* que diz concorde e coincida sequer com o que ele próprio com efeito pensa e com efeito sente. De modo que esse dizer não coincide, por um lado, com a verdade das coisas que pretende dizer e, por outro lado, também não coincide subjetivamente com o ser de quem o diz – é, portanto, um dizer solto, que fica a flutuar no vento, como os milhafres, sem pai conhecido e responsável. Daí – e permitam-me que lhes dê este conselho – que, não digo sempre, de forma alguma, claro está, mas sim que com a maior frequência, é inocente e desorientador supor que um homem peninsular pensa e sente, com efeito, de uma certa maneira porque se lhe tenha ouvido dizer isto ou aquilo. Se o homem peninsular não coincide com nada nem com ninguém tão frequentemente não é pelo que, para o lisonjear, se costuma chamar o seu «individualismo», mas simplesmente porque o homem peninsular típico, e só a ele me refiro, começa por não coincidir consigo mesmo, por ser insolidário consigo mesmo. Como já tenho anos de sobra e a nossa península é a coisa sobre que pensei mais horas *conheço-me* muito bem no homem peninsular e é um vão empenho pretender enganar-me e despistar-me. Conheço todas as suas curvas ou *cotovelos*, todos os seus ocultos mecanismos interiores e um dia, não aqui, certamente, mas nalguma publicação vou trazer à luz pública as suas entranhas e fazer delas a mais rigorosa anatomia para que todo o mundo as veja. Porque num tempo tão excessivamente difícil como vai ser este em que vamos entrar, com um tipo de homem assim não é possível fazer nada e urge acometer denodadamente a reforma das suas próprias vísceras.

A lógica – *soi-disant*! Até agora a lógica era a pedra de toque, a última instância onde se contrastava qualquer outro dizer, qualquer outro pensar e, portanto, qualquer realidade para decidir se era autêntica ou apenas *falsa*, fictícia, falaz, *soi-disant*. E eis que agora é a própria pedra de toque que se converte em *soi-disant* – portanto, em algo inautêntico e radicalmente questionável. A instância última converte-se agora em problema – o juiz máximo acaba por ser o acusado e o réu.

Os que são mais jovens do que eu verão nos tempos que se avizinham se o homem pode não se preocupar com viver, conviver sem instâncias últimas a que recorrer. Porque essa ameaça de que a lógica se volatilize e seja afinal mais uma utopia do homem, uma ilusão vazia que durou vinte e cinco séculos – a lógica foi descoberta por volta do ano 480 a.C. – significa, nem mais nem menos, que a própria noção de «verdade» periclita, e, portanto, que estritamente falando, se essa ameaça se cumprisse e não se lhe achasse remédio, deixaria de haver coisas que são verdadeiras e coisas que são falsas, quer dizer, que nada haveria com o seu próprio e específico ser, portanto, que essa luz na obscuridade que a verdade é se apagaria e tudo seria profunda treva.

Mas acontece que o terramoto não se deu apenas na razão científica ou teorética, e sim, ao mesmo tempo, na razão prática. Não falemos da moral, que, enquanto ordem racional da conduta, se volatilizou há uns quarenta anos ficando apenas como reguladora dos comportamentos humanos a pressão mecânica dos costumes, mas de que nestes últimos tempos assistimos, dia a dia, a um espetáculo inaudito, que quem tenha alguma consciência precisa do que isso significa não pode presenciar sem estupor. Refiro-me à total volatilização do direito. Mas como esta matéria é melindrosa e quero evitar tergiversações e mal-entendidos redigi umas páginas e vão ter que suportar a sua leitura.

«O direito parecia ser, senhores, junto à verdade e muito mais ainda do que a verdade porque é enormemente mais velho que a verdade na história, parecia ser uma víscera imprescindível da convivência humana. Custou dezenas de milénios descobri-lo, institui-lo e consolidá-lo. Os seus conteúdos concretos, isto é, os direitos no plural, os direitos particulares eram diversos nuns povos e noutros ou variavam com centenária e quase impercetível lentidão em cada povo, mas o fundo deles, a fé em que havia *direito*, – essa que é por excelência e antonomásia – *a* instância última a que os homens nas suas querelas podem recorrer – veremos depois até que ponto o direito é por essência, por consistência, recurso –, a fé em que havia direito jamais faltou. Estava reservada ao nosso tempo a originalidade de ter perdido também essa fé. Porque não se trata de que uns direitos caducos e exânimes sejam postos de lado para os substituir por outros novos e reluzentes; isto fez-se outras vezes, ainda que talvez tenha sido sempre uma operação mais grave do que quase todo o mundo supõe, e supõe-no porque talvez não haja nada que se ignore mais profundamente do que *o que é* o direito, ignorância que vai dos políticos, os quais, claro está, pela sua própria condição de políticos o ignoram por completo – jáveremos, já veremos, cara a cara, que é isso de ser político, não importa de que partido e programa –, ignorância, repito, que vai dos políticos, passando pelos juristas, e chega aos próprios filósofos do direito. Isto é uma das grandes vergonhas da época contemporânea!

O que hoje acontece não é, pois, que uma vez mais se tente substituir velhos por novos direitos – supondo que "direito novo" não seja algo parecido com "quadrado redondo", já o veremos. O que acontece é que *pela primeira vez* também na história da Europa – não digo do mundo antigo – o sistema dos direitos, das instituições aparece inexoravelmente caducado sem que estejam já no horizonte os perfis ou gabaritos de novas instituições, de novos direitos prontos para substituir aqueles. Não estão, senhores, não estão, nem sequer sob a forma de subtis ideias puramente teóricas nas cabeças de alguns pensadores. De maneira que os que destroem hoje todos os direitos – sem que um só tenha ficado em pé sobre o planeta – não possuem imagem alguma, medianamente clara e lúcida, de que outros direitos porão no seu lugar. A isto chamo, não creio que inadequadamente, a aniquilação *do* direito. E será ilusório contrapor a isto o facto de em certos países alguns direitos internos não terem sido ainda violados. Se não o foram não é porque fossem direitos, mas sim porque nesses países não apareceu ainda a ocasião de os violar, o que não quer dizer, de forma alguma, que essa ocasião não se mostre mais tarde, talvez mais cedo, nesses países. O tempo que é tão *galant'uomo*, como dizia o Cardeal Mazzarino, se encarregará de no-lo fazer saber.

O exemplo mais óbvio desta universal trituração do direito é a supressão do direito mínimo, do direito de neutralidade. *Registe-se da maneira mais expressa* que eu não falo, menos ainda discuto, se esta ou aquela nação deve ser neutral ou não, numa ou noutra data, durante uma ou outra guerra. Isso seria falar ou discutir política, coisa que não só não posso fazer aqui como, ainda que pudesse, não faria porque isso não é nem a minha vocação nem o meu dever, principalmente dada a ideia que tenho da política, não apenas da má mas também da boa – se é que a há –, de toda a política, pois, assim, em absoluto, como se verá quando, ao falar com todo o rigor do que é a sociedade e o Estado e o poder público e o direito e a lei, enfrentemos energicamente, sem admitir evasivas, a questão, que ainda que pareça inverosímil ninguém até agora tinha colocado, tematicamente, de por que há no Universo uma coisa que é aquela a que costumamos chamar política – portanto, não a boa frente à má, nem a má frente à boa, mas em absoluto e a nu ou como vós dizeis *em carnes*, que é *a* política.

Do que falo aqui é exclusivamente da supressão do direito de neutralidade, como exemplo mínimo que denuncia a desaparição de todo o direito, da consciência do direito ou da fé no direito – exatamente igual, pelas mesmas razões e mantendo-me no mesmo nível teórico em que aludi à volatilização do conceito de matéria, do princípio de causalidade em física e do princípio do terceiro excluído em lógica-matemática, isto é, como exemplos da dramática situação em que se encontra a razão teorética.

Mas como, mesmo não sendo eu ninguém nem tendo nunca pretendido ser algo mais que ninguém, se dá o facto de as minhas palavras serem, mais ou menos, escutadas longe, muito longe daqui – e isto quer dizer para além da península –, necessito que fique perfeitamente claro e límpido o que acabo de dizer e o que agora se seguirá, de sorte que recusarei qualquer reprodução, extrato ou interpretação que não consista nas palavras mesmas pronunciadas por mim.

A supressão do direito à neutralidade que começa pela anulação da liberdade de comércio no neutral e continua pela intervenção nos serviços postais e violação do segredo da correspondência, e termina na adscrição forçosa a algum dos países beligerantes é sintoma claro de se ter obnubilado por completo no mundo a consciência do direito. Porque ao suprimir-se esse direito particular – a neutralidade com todos os seus atributos – ele não é substituído por outro e no seu espaço aparece só o arbítrio do poderoso. Ora bem, necessito de que conste da forma mais precisa que ao dizer isto, eu não disse que a conduta, que consiste em executar essa supressão, me pareça imediatamente, sem mais e por força, uma conduta em todo o caso inadmissível e em todo o caso indesculpável. Estou disposto a levar, até ao extremo imaginável, o dever específico do intelectual que, como disse no outro dia, lhe impõe considerar, em princípio, que tudo é possível e que o mais estranho pode ter sentido. Assim, neste caso teria cabimento pensar que constrangimentos de categoria até agora inusitada obrigam a efetuar a supressão do direito de neutralidade, constrangimentos que acaso têm origem, mais do que nas circunstâncias atuais cujos problemas são de substância e tamanho até agora desconhecidos, na corrente ou *drift* de dois séculos que com força contínua e arrasadora tem vindo a destruir todos os direitos, e já fazia Royer-Collard dizer em 1830 que ele via por todos os lados "factos que são força", mas não encontrava em nenhum "coisas que são direitos". A questão para mim está em que esse ato, pelo qual ao suprimir esse mesmo direito se suprime simbolicamente todo o direito, pode ser inspirado de duas maneiras contrapostas: ou os que o executam, suponhamos, obrigados pelas circunstâncias, o fazem com plena e dolorida consciência da gravidade ilimitada que isso implica e que pode supor decénios e decénios de *bellum omnium contra omnes*, como nas etapas mais desastrosas da história humana, ou o executam *de gaieté de coeur*, como dizem os franceses, alegremente e com perfeita inconsciência das suas implicações; em suma, insensatamente. Eu gostaria de acreditar na primeira mas lamento muito não ter a certeza disso. E a razão principal dessa ingrata suspeita está a meu ver na observação não tanto do que fazem os políticos como do modo de os intelectuais das grandes nações tratarem os gravíssimos assuntos da época, e com isso refiro-me não só a estes anos de guerra, mas também aos imediatamente precedentes. Eu sou um intelectual pertencente a um povo menor, e individualmente não sou lá grande coisa, mas sim sou, ainda que modesto, um bom oficial do meu ofício e, a tal título e sem pretensão exorbitante alguma que se refira à minha pessoa, digo aos intelectuais do mundo, a partir deste canto lusitano e desta minha escassa significância, e digo-lhes isso como a colegas de um grémio cujo artesanato não admite imprecisões nem escapes, que os intelectuais sérios e taciturnos dos povos menores latinos, que tínhamos aceitado com entusiasmo e justificada humildade o magistério desses grandes países – a minha vida foi um caso extremo disto e ninguém poderá apontar-me falta de docilidade, ignorância da minha ignorância e perda do desejo de aprender –, os intelectuais sérios destes menores povos latinos observamos com vergonha e dor a superficialidade, a insuficiência teórica, a falta total de agudeza e de profundidade com que os grandes intelectuais dos grandes povos tratam desde há anos nos seus livros e revistas os problemas da época. E se notamos esta inconsciência nos intelectuais não surpreenderá que estejamos aterrados diante duma eventual inconsciência dos políticos. Eu estou disposto a procurar demonstrar isto onde quer que me solicitem e me chamem e sempre que neste país me seja dada amplitude suficiente para dizer o que há que dizer. E se se quiser que seja mais preciso, daria como exemplo de tema fecundo para uma discussão as implicações do direito de neutralidade, que são as verdadeiramente importantes e graves, não o próprio direito como tal. Porque todo o direito particular, para além dos seus atributos primários que enquanto direito possui, é a expressão estrita de enormes realidades históricas, de lutas gigantes e às vezes milenárias, que nele atingiram equilíbrio. Porque a figura concreta de todo o direito concreto – como de toda a instituição – é o perfil ou fronteira de forças em colisão que fartas de combater chegaram a um compromisso. Quebrar, pois, um direito e não o substituir equivale a conjurar de novo a infinita capacidade de combate que no homem, noutro tempo uma fera, reside. E registe-se que tudo isto foi em parte dito por mim e em parte insinuado num longo artigo publicado por volta de 1938 na revista inglesa *The Nineteenth Century* sob o título *Concerning Pacifism* – e em espanhol "En cuanto al pacifismo", recolhido depois, sob o nome "Epílogo para ingleses", como anexo à edição do meu livro *La rebelión de las masas*, na Colección Austral de Buenos Aires. As coisas ali anunciadas são as que por estes dias estão a acontecer e enchem as páginas dos jornais. Isto dá uma leve dose de autoridade a quanto acabo de dizer».

>O cesto da gávea.
>O mundo estúpido.
>Luta de negros.

Lição IV
Começa a imersão na nossa vida

O homem é um animal condenado a ideias por não se sabe que estranho pecado cometido antes de ele ter nascido. Não é uma questão de querer ou não querer: *velis nolis* tem de formar ideias sobre o mundo em que há-de viver e sobre a personagem que ele é. Literalmente, não pode dar nem um passo sem antes ter edificado na sua fantasia toda uma figura ou plano do universo. O resto dos animais, como os minerais, está consignado à Natureza, ama generosa que os antigos representavam com muitos úberes. Mas o homem está consignado a si mesmo. Como o Barão da Castanha[8], não tem outro remédio a não ser sair do poço em que caiu ao nascer puxando para cima as suas próprias orelhas, o que é uma técnica ascensional nada cómoda e de eficácia problemática.

Se fosse possível seccionar a nossa própria mente, como um tronco de uma bétula, veríamos que há nela sempre, perfilada ou turva, simples ou complicada, uma figura do mundo físico ao lado de uma figura do mundo histórico e no meio uma figura da vida pessoal humana, do que é para o homem isso que chama viver.

Deixemos de lado a imagem do mundo físico ou da natureza porque não nos importa nesta conjuntura, ainda que fosse de máximo interesse determinar como vê, com efeito, a realidade cósmica o homem médio do nosso tempo. Acostumados – e não sem justificação – a abrir um crédito ilimitado às ciências físicas – «hoje cremos nas Faculdades de Ciências como antes se cria nos Concílios» (Taine) – damos arbitrariamente por adquirido que o homem médio, até o homem médio

---

[8] [N.T.] Ortega faz apelo ao tipo de estórias do livro *Aventuras do Barão de Münchhausen*, escrito no Século XVIII pelo alemão Rudolf Erich Raspe. Em Espanha terá sido Saturnino Calleja Fernández o editor responsável pelo nome "Barón de la Castaña", dado ao protagonista das aventuras surpreendentes inspiradas na vida real do militar e proprietário rural Hieronymus von Münchhausen (1720-1797).

culto, vê o mundo material como o físico o vê. E isto é erro muito grave porque uma das desditas mais inaparentes mas mais autênticas deste tempo é que a física – e em geral todas as ciências – se tornou um saber hermético e inacessível para quase toda a gente. Por volta de 1750 podia assegurar-se que qualquer homem medianamente cultivado possuía uma ideia da realidade física bastante aproximada da que a melhor ciência da época sustentava. Hoje podemos contar de antemão que a fisionomia da natureza que orienta o homem médio na sua existência parece-se muito pouco com a que a física atual descreve. Por isso seria interessante averiguar qual é aquela fisionomia. Como em tantas outras ordens, a aparência geral de progresso não fez mais do que encobrir involuções e retrocessos sobremaneira perigosos. Mas, repito, a presente travessia não nos permite ancorar nesse porto.

Importa mais, agora, sublinhar uma coisa trivial mas que não obstante é das menos estudadas, a saber, que o homem forma uma figura do que é o seu viver. À partida, encontramo-nos com o facto assombroso de que, enquanto na nossa ideia de cosmos interveio decisivamente, desde há vinte e seis séculos, pelo menos, a ciência, quer dizer, um esforço deliberado de construção teórica, na figura da vida que cada homem consegue fazer, colaborou muito pouco a teoria desde quase o mesmo número de centúrias... Mais ainda, se na antiguidade clássica ainda se teorizava algo, ainda que vagamente e misturando-o com outras coisas, por exemplo, com a moral, sobre qual é a anatomia fundamental da formidável faina que é para o homem a sua vida, na época moderna os pensadores viraram costas ao tema e o indivíduo mal recebeu deles inspirações, vislumbres ou esclarecimentos. É incrível, mas é assim. Numa época que criou ciências e técnicas de todos os assuntos, esqueceu apenas tentar a ciência do viver. Viver é a única coisa que se faz ao Deus dará. Ao menos noutros tempos existia uma certa atenção dos melhores para esta realidade que é a mais urgente de todas. Refletia-se sobre a vida, formulavam-se conselhos, observações, esquemas das situações ou peripécias principais em que a nossa vida consiste. Mas é importante fazer notar que, sobretudo nos tempos mais recentes, todo esse saber, toda essa atenção – que já não eram grandes – ficou suspensa e as últimas cinco ou seis gerações tiveram que caminhar pelos atalhos da vida sem disciplina nem guia alguns, como o homem mais primitivo, como se estreassem a aventura de existir. Acontece então que ao não lhes chegar do entorno ensinamentos sobre a matéria esqueceram-se eles mesmos de exercitar a sua própria reflexão sobre o que ia acontecendo. Chegou-se ao ponto de as gerações hoje jovens serem as primeiras que nem usam nem entendem os refrões, provérbios e adágios, onde uma vigilância milenária tinha destilado pelo menos umas gotas de sabedoria vital. Por isso, os homens contemporâneos, que cada vez fazem melhor certas coisas – ciência, técnica, indústria, arte –, fazem cada vez pior este ofício do viver e atravessam a existência atropelada e sonambulicamente, dirigidos apenas pela petulância e pela torpeza, duas bestas que costumam andar jungidas.

Contrapõe-se a tudo isto o facto não menos surpreendente de que a produção literária mais antiga que chegou ao nosso conhecimento, portanto, a forma primigénia de «intelectualidade», consistiu precisamente em reflexões sobre a faina de viver. Para lá do ano 200 a.C. e com aspeto de já ter atrás de si uma longa preparação encontramos no Egito os *Ensinamentos do Rei Amenemhet I a seu filho, Ensinamentos de Duaf a seu filho Pepi*, que se liam nas escolas. É do Império Médio a *Canção do harpista no banquete*, terrível descrição do difícil que é viver, e o tremendo *Diálogo com a sua alma de um cansado da vida*. São da mesma época emanações idênticas surgidas na Mesopotâmia, que juntamente com as egípcias influíram num dos livros mais velhos da Bíblia, o livro de Job. Trata-se de um género, o mais antigo de todos e que perdura até à época do helenismo: «a literatura sapiencial».

Os que são mais jovens do que eu verão nos tempos que se avizinham se viver sem instâncias últimas a que recorrer pode deixar o homem despreocupado. Eu já não o verei ou, pelo menos, não verei isso na plenitude do seu desenvolvimento, porque cheguei já a essa altura do caminho, que é a existência, em que ao fundo da paisagem, fechando o horizonte, se levanta a ingente serrania coroada pela fina linha de neve que anuncia à pessoa o fim da sua vida.

Por todos os lados se encontra, pois, o homem do Ocidente numa situação extrema e a filosofia é precisamente a reação intelectual a uma extrema situação. Por isso, se me perguntassem de que definitivamente se tratou e se vai tratar neste curso poderia responder que se tratou e se vai tratar – certamente – do que se passa nos laboratórios dos físicos e na meditação dos lógicos e matemáticos, mas também disso mesmo que se trata fora daqui, aí, nas ruas e nas praças, nas casas e nos casinos, nos *clubs*, bares e tabernas, nas reuniões públicas e nas reuniões secretas dos governos, na solidão do homem sobressaltado e na exaltação da multidão conglomerada, em mar, terra e ar, e debaixo do mar, no abismo, e acima do ar, na estratosfera. Disso, disso se trata!

Mas vai-se tratar disso sob o modo que corresponde a este sítio. Neste sítio que é – não o esqueçam – uma cátedra de filosofia, não se fala das coisas, mas só do essencial das coisas. E é assim, não por cautelas, reservas nem estratégicas reticências, mas sim, pelo contrário, porque as coisas de que se fala aí fora são, como dizíamos no outro dia, apenas mascarões de si mesmas e como toda a máscara, ao mesmo tempo, anunciam e ocultam a sua verdadeira realidade atrás delas – a cara atrás da máscara ou *caraça* –, não deixam ver o seu autêntico ser, a sua efetiva realidade, a sua essência. Por isso na cátedra de filosofia não se fala das coisas, pois é um ilusório falar e uma incessante emissão de *aldrabices*, mas só do essencial das coisas. Esta cátedra, senhores, ainda que inodora, é a cátedra das essências.

É equivalente dizer que nos faltaram as instâncias últimas a que recorrer – as normas da verdade, da moral, do direito, da política, da economia – e dizer que não sabemos o que as coisas são, portanto, o que o mundo e o homem *são, somos*; não sabemos a que ater-nos quanto a isso, não podemos *contar com isso*; na minha doutrina o *contar com* é termo formal que designa um conceito muito importante, ou, resumindo numa final todas essas expressões: não temos mundo e não temos dentro de nós clara «humanidade». Suponho que não é necessário registar que restam troços, blocos erráticos, tanto na razão teórica como na prática, isto é, pedaços desta ou daquela ciência, deste ou daquele *corpus juris*, desta ou daquela moral, da poesia, da pintura que pelo que a eles mesmos diz respeito, quer dizer, ao fragmento determinado que eles são, não nos deram motivo para os pôr em questão e continuam *nisso que são* a parecer-nos valiosos. Mas como ruiu a arquitetura integral a que pertencem esses fragmentos e na qual e só na qual tinham o seu pleno sentido e o seu último fundamento, de nada serve que continuem intactos na sua consistência fragmentária. Claro está que troços da lógica e troços da matemática continuam inquestionados, mas de que serve isto, definitivamente, se a lógica *toda* e a matemática *toda* estão em questão quanto ao carácter da sua verdade? *Ainda mais*: cada uma das leis da física atual é mais exata e mais certa do que eram as da física pretérita, mas pode isto tranquilizar-nos quando hoje não sabemos o que é que «a lei física em geral» representa face à realidade a que parece referir-se?

O mundo em que o homem de há não mais de trinta anos se via incluído ameaça – registe-se que digo apenas *ameaça* – sofrer uma pavorosa involução que poderia chegar a convertê-lo no contrário de um mundo ou cosmos, a saber, num caos. Agora basta-me o sentido habitual que estas palavras têm na linguagem corrente. A época que começa no século XVIII e vai até 1900 chamou-se «século das luzes», *Aufklärung*, iluminismo. O homem tinha a impressão de ter chegado, por fim, a ver claro. E eis que essas luzes se extinguiram e que o homem volta a sentir-se rodeado de trevas e obscuridade – ou, o que exprime o mesmo com outra imagem, com falta de solo firme sentimo-nos cair no vazio.

Mas se não temos nada disso que antes acreditávamos ter e com que nos parecia contar, o que é que nos resta de firme, de inquestionável? O que é que, apesar de todo esse derrubamento, volatilizações, desvanecimentos, temos onde firmar-nos, fincar os pés e a partir disso reconstruir a nossa segurança e conseguir novo esclarecimento?

Só nos resta essa impressão dramática de cair no vazio. Ninguém do nosso contexto social nos oferece autênticas diretrizes, instâncias evidentes. E a única coisa que resta a cada qual é sentir-se «como um homem que avança só e nas trevas» – quer dizer, resta a cada um o seu viver pessoal, o seu estar a viver o dissabor dessa perdição.

Senhores, nenhuma situação real, o que quer dizer concreta, se repete na história. Mas em toda a situação histórica há um certo esqueleto ou conjunto de fatores, componentes abstratos dela, que são idênticos a outras situações já vividas pelo homem noutros tempos. Isto ficará depois claro na hora própria. Neste momento interessa-me apenas dizer-lhes que reparem no que acabo de afirmar: o que de único cada um de nós tem, com inquestionável ter, é sentir-se «como um homem que avança só e nas trevas». Metáforas, não é certo? Fantasmagorias de um filósofo, não é verdade? Tenham a bondade de escutar por um instante: «Mas como um homem que avança só e nas trevas» – assim escrevia em 1635 ou 36 René Descartes, na segunda parte do seu *Discurso do método* que ia publicar-se em 1637 e que é o programa, ponto de partida e primeira esboçada fundamentação de toda a época moderna, especialmente das suas ciências exemplares, a física e a matemática, e das técnicas materiais que elas tornam possíveis. Com estas palavras Descartes descrevia admiravelmente a situação em que se encontrava, e a situação de que partiu e que inspirou o seu modo de caminhar ou *método*. Eu pude empregar as mesmas palavras, a mesma metáfora – podem rabiar os intelectuais de aldeia –, porque a situação de Descartes é, num certo conjunto de elementos abstratos, idêntica à nossa.

Para além do mais, como não podia deixar de ser, dada essa abstrata identidade de situações, o raciocínio com que iniciamos a nossa filosofia tem uma estrutura abstrata igual ao de Descartes. E assim dizemos:

Ter-nos-á falhado, suponhamos que por completo, a interpretação teórica e prática da realidade em que críamos viver, mas para que tudo falhe tem, sem dúvida possível, que haver alguém ou algo a quem falha. Esse alguém ou algo a quem tudo falhou e que ao falhar-lhe, e por isso mesmo, afirma a sua realidade inquestionável e infalível, é a «nossa vida» – a de cada qual. Eis o que nos resta, eis o que temos – o estar vivendo cada um de nós.

Recordem com máxima brevidade o raciocínio de Descartes. Quando se encontra duvidando de tudo e portanto de nada do que antes cria pode afirmar que *seja* com efeito – adverte que para que isso aconteça, para que tudo seja duvidoso e, portanto, *não seja*, é necessário que a dúvida não seja duvidosa e, em consequência, que o duvidar e quem duvida sejam, existam. Por isso dirá *dubito, cogito ergo sum*. Duvido, isto é, penso, logo existo. É inescusável neste curso um enfrentamento rigoroso e minucioso com esta proposição ou tese cartesiana de que brotou toda a cultura moderna, como de uma minúscula semente acaba por emergir toda uma selva, mas não é esta a ocasião didaticamente oportuna para nos lançarmos a esse *corps à corps* com o formidável mestre. Baste agora indicar que nós duvidamos mais radicalmente que Descartes: duvidamos de que a dúvida seja, sem mais nem para quê e só, *cogitatio*, pensamento, duvidamos da noção escolástica, aristotélica e, em geral, grega do existir e duvidamos da própria ideia tradicional de verdade ou lógica. Descartes, sem reparar nisso e quando cria duvidar de tudo continua crendo em todas essas noções da filosofia escolástica de que pretende radicalmente separar-se. A nossa situação é, então, mais difícil, mais grave que a de Descartes, e necessitamos retroceder ainda mais do que ele, procurar uma base ainda mais firme, mais ampla e com menos supostos, isto é, o nosso próprio e nu viver, a nossa vida. Mas o porquê de a nossa vida ser tudo isso – uma base mais firme, mais ampla e com menos supostos do que o pensamento ou *cogitatio* – não pode tornar-se para vocês claro se não começarmos por ver com suficiente evidência que seja isso a que chamamos «vida».

Trata-se, pois, de tomarmos o mais rapidamente possível contacto com o fenómeno estranho que é a vida humana, entenda-se, a de cada um de nós.

Curioso facto que sendo a vida de cada qual o mais elementar e prévio, aquilo em que já estamos quando pensamos qualquer outra coisa, a filosofia o tenha deixado para trás, sem o ver, sem reparar nele, até que no último terço do século XIX teve que o descobrir o admirável Dilthey, como se descobrisse o Mediterrâneo.

Mas se a filosofia não reparou nele, o homem vulgar, tanto o de cima como o de baixo, tropeçou nele, uma e outra vez, na prática do seu efetivo viver e fez, sem propósito teorizador, por mera urgência vital, muitas observações sobre a sua vida que ficaram como que precipitadas e cristalizadas em vocábulos, locuções e modismos da língua vulgar, que no seu uso quotidiano perderam o seu vigor expressivo, as suas arestas significantes, arredondando-se como as pedras rodadas pelo regato, ou como as moedas ao passar de mão em mão se gastam e se apaga a delicadeza do seu cunho – mas que estão aí à espera que uma reflexão, refrescada na intuição plena da vida, as toque num ponto para que se reanimem e nos devolvam o seu profundo sentido. Por isso, uma das coisas que na nossa análise da vida humana nos acontecerá será redescobrir o fundo e suculento sentido que têm muitas expressões da linguagem quotidiana familiar, coloquial, vernacular onde se conserva acumulada a espontânea «experiência da vida» ou saber vital que milénio após milénio o homem qualquer foi produzindo sem querer. Veremos depois algum dia como enquanto a astronomia, por exemplo, não faz parte do astro que investiga e conhece, esse estranho saber vital a que chamamos «experiência da vida» faz parte essencial da própria vida, constitui um dos seus principais componentes ou fatores. Esse saber que faz com que um segundo amor seja, forçosamente, distinto do primeiro porque *sabe* já o que foi este primeiro e como que o leva, portanto, enrolado dentro de si. De maneira que se usamos a imagem antiquíssima e universal, como veremos, que nos mostra a vida como um caminho que há que percorrer e atravessar – daí expressões como «curso da vida», *curriculum vitae*, escolher uma carreira, *et cetera* –, diremos que, conforme caminhamos, o caminho que é a nossa vida, esse caminho conservamo-lo e sabemo-lo, isto é, o caminho da vida já atravessado vai-se enroscando ou envolvendo ou enrolando sobre si mesmo como um *filme* e ao chegar ao termo da vida o homem descobre que leva sobre as suas costas, diríamos, colado a elas, todo o *rolo* da sua vida vivida – quer dizer, encontra-se carregado com a «experiência da vida», tal como a uva na hora vindimal do outono acumulou e conserva dentro de si todos os sóis do estio. Este sumarentíssimo tema, a «experiência da vida», está praticamente intacto, nunca foi até agora elevado a teoria e dar-nos-á bastante que falar neste curso.

Não sei se é necessário eliminar de imediato uma confusão verbal. A vida de que começamos a falar não é a biológica. O conjunto de fenómenos orgânicos que a biologia chama «vida» é já uma criação teórica do homem biólogo que vivendo, não biologicamente, mas sim biograficamente, vivendo o seu primário e fundamental viver, faz biologia, como uma entre outras coisas. A biologia surge dentro da biografia de certos homens, os chamados biólogos, que dão assim às suas vidas essa ocupação de investigar os fenómenos orgânicos, que fazem isso e que, com certeza, ao fazê-lo fazem a *asneira* de chamar a esse seu fazer biologia, com o que revelam ignorar a língua grega, o que não é nenhuma vergonha, mas sim é-o que quem não sabe grego se ponha a falar em grego e chame *bíos* à existência orgânica que os gregos chamavam *zoé*. Deveriam, pois, chamar à sua ciência Zoologia, que no caso incluiria a botânica. Às vezes Aristóteles refere o *bíos* aos animais mas sempre com a intenção de significar o seu comportamento, não a sua existência orgânica, o seu ζῆν. *Bíos* em grego é vida no sentido que nos interessa, no sentido biográfico de conduta e portanto num sentido predominantemente biográfico de existir humano; no sentido em que o homem mais humilde e ignorante fala da sua «vida», «que fracassou ou trinfou na vida», «que está farto da vida», no sentido, enfim, em que o apaixonado, pelo menos o apaixonado espanhol, ao passar por alguns desses instantes tropicais frequentes no amor chama à sua amada «minha vida». Era isto o *bíos* para os gregos. Só, pois, por essa *asneira* dos biólogos nos vemos impossibilitados de denominar o estudo que agora iniciamos com a palavra *biologia*, que seria a denominação mais adequada.

O meu plano é, nesta e nas seguintes lições do mês de *janeiro*, descrever a contextura da nossa vida e, como a vida é sempre «a minha», portanto, a de cada qual, conseguir que vocês tomem posse intelectual ou, dito com menos pedantaria, que cada um de vós, com plena clareza, caia na conta da figura que tem essa realidade, a mais importante para si, que é a sua existência enquanto vida. Cada um de vós está vivendo a sua vida e sabe desse seu viver, graças a essa «experiência da vida» a que antes aludi, a qual acompanha a sua vida e intervém nela constantemente, fazendo parte dela. Mas essa «experiência da vida» ou saber vital ou, como diziam os antigos, «sapiência» é um saber prático, não é uma reflexão teórica em que se trata de definir a vida e descobrir a sua estrutura ou consistência, a sua anatomia essencial.

Sendo a vida sempre a minha, a do *eu* que diz ser cada um de nós, o estudo que vamos fazer é uma autobiografia. Eu tenho que tentar despertar em cada um a visão imediata, a evidência do que é o seu viver próprio e pessoal, de sorte que quanto eu diga possa ser por vós, primeiro, entendido ao referi-lo a essa visão imediata que têm da própria vida e, segundo, possa ser controlado, isto é, possam decidir se o que eu enumero e formulo coincide com o que estão vendo da sua própria vida.

A minha tarefa é, como percebem, paradoxal e ousada – veremos depois, além disso, em que medida é inexoravelmente limitada. Mas é paradoxal e ousada porque se trata de que sou eu quem tem de fazer a vossa biografia, coisa que parece já impraticável, porque não conheço a maioria de vós ou, mais exatamente, porque os conheço insuficientemente, mas tendo de fazer eu a vossa *auto*biografia. Como é isto possível ou se, de todo, é possível será coisa que veremos ao cabo do empenho e da tentativa. Por conseguinte durante estas lições eu tenho que abandonar virtualmente o lugar onde me encontro, que é o lado de cá da mesa, e tenho de me trasladar para aí, para onde está cada um de vós, necessito transmigrar de mim mesmo para a secreta realidade que é cada um de vós, penetrar com audácia dentro da sua vida personalíssima e converter-me transitoriamente em algo semelhante a um *cambrioleur* das suas intimidades. Mais ainda: necessito de vos conduzir a regiões arcanas do vosso próprio ser que raramente visitais ou talvez desconheçais, de vos obrigar a penetrar no subsolo recôndito da vossa própria existência onde palpitam as vísceras patéticas do drama que a vida de cada um é, e que por ser um drama propendem a evitar e a encobrir o seu espetáculo, camuflando-o com uma crosta de *brincadeiras*, anedotas, ou vice-versa, de pretensas seriedades, negócios, ambições, ocupações científicas, ou então diversões, jogos de *bridge* ou de *golf*, palrarias no café, gesticulando na ação política ou cantando ou ouvindo fados gemebundos. Veremos depois como pertence à consistência ou essência da nossa vida uma tendência permanente a disfarçar-se ou ocultar-se perante si mesma, a não querer a sua própria, autêntica realidade, a fazer barulho para conseguir não se ouvir, em suma, a dis-trair-se de si mesma, ao ponto de uma porção muito importante e muito enérgica do nosso viver estar dedicada deliberadamente a criar distrações – o que dito por outros termos significa que cada um de nós se ocupa muito principalmente em evitar ser quem irremediavelmente é.

E notem que arrojar-me eu a esta arriscada empresa de invadir o segredo das vossas vidas não procede de um insolente capricho meu, mas antes é o inevitável ponto de partida para uma filosofia que *é* filosofia e não meramente o foi. E isto por duas razões: uma, como acabamos de ver, é que cada um de nós não conta senão com o nu e simples facto de estar vivendo – tudo o resto é problemático, questionável, duvidoso – e esse estar vivendo é um acontecimento que acontece apenas à própria pessoa, isto é, que «vida» quer dizer própria e originariamente a «minha», a «minha» do eu que é cada qual. A vida é intransferível: ninguém pode, vê-lo-emos em seguida, viver-me a minha vida nem a mais mínima das suas partes. Como vivendo a minha vida encontro nela o que chamo a «vida dos outros homens», o que signifique rigorosamente falando «vida de outro» frente ao que significa «minha vida» é coisa que procuraremos averiguar ulteriormente. A outra razão que obriga a filosofia que *é* a partir da autobiografia, da vida que é cada qual, está em que esta filosofia parte decidida a entender a realidade segundo ela é, a saber, concreta, enquanto todas as filosofias que foram, mesmo reconhecendo, como era inevitável, que o *ser* é propriamente o ser concreto, por uns ou outros pretextos renunciaram à sua captura, não se atreveram a elaborar a ontologia do ente concreto, mas substituíram-no pelo ser em geral, pelo ser abstrato, por um ser que, em consequência, é precisamente a abstração do autêntico ser. Está bem claro em S. Tomás que traduz e resume Aristóteles: *Existentia est singularium, scientia est de universalibus*. Por isso foram filosofias vagarosas, difusas, irreais e utópicas.

À primeira vista, a nova empresa parece impossível já desde este primeiro passo. Porque como posso eu falar da vossa vida enquanto vida de cada um de vós, se eu não tenho mais do que a minha e é desta que eu tenho de partir? O assunto é difícil e é complicado mas há uma advertência muito simples que, pelo menos, retira a esse meu empenho uma boa parte da sua aparente insensatez ao assegurar-me que posso durante muito tempo estar falando da vida de cada um de vós enquanto, em rigor, estarei falando do que descubro na minha. E o facto é que todos dizemos «minha vida» e esta identidade do nome torna verosímil que nas nossas vidas, por muito diferentes que sejam no pormenor do seu perfil, exista uma arquitetura ou anatomia ou estrutura idêntica, a qual precisamente torna possíveis as divergências singulares dos nossos destinos pessoais. Isto nos proporcionará uma *Teoria geral da vida humana*, a que chamaremos *Biognosis* uma vez que não podemos chamar-lhe *Biologia*. Mas não é isso recair numa filosofia de generalidades e não de realidades, como todas as que foram? A recaída seria, neste caso, como na pneumonia, especialmente grave porque «vida humana» significa para nós, formal e radicalmente, «vida singular», a vida individualíssima de cada qual. Não é então contraditório elaborar uma *Teoria geral da vida singular*? Se o é ou não, com efeito, é coisa que iremos averiguando à medida que formos realizando o nosso intento.

Seria inútil tudo o que eu quisesse dizer agora sobre a questão porque as minhas palavras não teriam sentido claro e controlável enquanto os senhores não tiverem à vista, bem patente e iluminada, a figura dessa realidade que é a própria vida de cada um de vós. A coisa é assombrosa mas inegável: cada um de vós é a sua vida e nada mais, mas isso que é – a sua vida – nunca o viu, não o contemplou, nem o teve em conta. O homem vive habitualmente submergido na sua vida, náufrago nela, arrastado instante após instante pela torrente turbulenta do seu destino – quer dizer, vive em estado de sonambulismo só interrompido por momentâneos relâmpagos de lucidez em que descobre confusamente a estranha face que tem esse facto do seu viver, como o raio com a sua fulguração instantânea nos deixa entrever, num abrir e fechar de olhos, o seio profundo da nuvem negra que o engendrou. Calderón tinha razão num sentido ainda mais concreto e trivial do que ele supôs: à partida, a vida é sonho, porque é sonho toda a realidade que não se apreende a si mesma, que não toma plena posse de si mesma, que fica dentro de si e não consegue, ao mesmo tempo, evadir-se de si mesma e estar acima de si. E não há distinção entre o homem inculto e o homem de ciência: também o físico é sonâmbulo e é-o não só na sua vida comum mas também ao fazer a sua física, ao criar a sua ciência sonambuliza. A física é sonho, um sonho matemático. A única tentativa que o homem pode fazer para despertar, para *acordar* e viver com inteira lucidez consiste precisamente em filosofar. De maneira que a nossa vida é, sem remédio, uma destas duas coisas: ou sonambulismo, ou filosofia. Eu aviso lealmente antes de começar: a filosofia não é sonho – a filosofia é insónia –, é um infinito alerta, uma vontade de perpétuo meio-dia e uma exasperada vocação para a vigília e para a lucidez. Neste sentido, ainda que só neste, Fichte poderia ter razão ao dizer: *Philosophieren heißt eigentlich nicht leben, leben heißt eigentlich nicht philosophieren*. Mas equivaleria a supor que a vida não tem de si mesma outra forma senão a que arrasta cega e sonolenta.

Vamos agora, sem mais, obter pelo caminho mais curto essa visão, essa tomada de contacto com a própria vida, que a coloque diante de nós com a sua estranha fisionomia, que nos ponha à vista, nua e patente, a própria coisa de que falamos quando falamos da vida humana. O mau é que, como já vos disse no outro dia, esse caminho mais curto começa tendo eu que dirigir-vos uma pergunta que espero não considerem como uma impertinência, já que vou tentar eu próprio responder-lhe na medida em que é possível. A resposta, no entanto, vai ser lenta, vai consistir em todo um grupo de lições que hoje começa.

A pergunta, como recordarão, é esta: Por que estão os senhores aí? Quero dizer: Por que cada um de vós está aqui agora? A coisa não é pura *brincadeira*. Envolve alguma gravidade maior do que é aparente. Porque o caso é que nenhum de vós está aqui agora como o astro se acha neste momento sobre um ponto da sua órbita, isto é, em virtude de uma necessidade mecânica, cega. Não: estão aqui porque vieram, portanto porque se trouxeram a si mesmos para aqui, porque quiseram vir.

[...] [a vida] não nos foi dada mas, sim, temos nós que no-la fazer, cada qual a sua. A razão disso é que essa circunstância em que, ao viver, sempre nos encontramos apresenta-nos várias possibilidades. Como acabo de dizer, cada um de vós pôde ocupar esta hora das formas mais variadas e ao sair daqui, à porta da Sociedade Geográfica, poderá tomar uma ou outra direção da rua e neste momento, mesmo cada qual quieto na sua *cadeira*, pode dar-me atenção ou desatender-me entregando-se a meditações privadas ou olhando em completo vazio mental para as esquinas desta sala ou contemplando o perfil perfeito de alguma senhora presente.

O homem encontra-se, pois, em qualquer momento, ante um sortido ou repertório de múltiplas possibilidades, de vias, uma das quais, necessariamente, tem de tomar no instante próximo. Com isto temos já dois primeiros atributos ou caracteres da vida. A vida é permanente encruzilhada e, por esta razão, é constante perplexidade quanto ao caminho que tomamos. Por isso, o título mais acertado de um livro de filosofia é o da venerável obra de Maimónides – hebreu do século [XII] – que se intitula: *Moreh Nebukim – Guia para os perplexos*.

Lição V
Primeiro contacto com a nossa vida

Dizia eu que é ininteligível qualquer fazer humano se não retrocedermos dele à situação antecedente que o motivou. E isto, que é verdade para todo o fazer, é-o em grau eminente quando o fazer de que se trata é precisamente filosofar, a filosofia; ocupação tão estranha a que alguns homens se dedicam, fazer tão abstruso, tão impalpável, tão acrobático pelo cheio que está de subtilezas e paradoxos aparentemente injustificáveis e que soam a vãos jogos de palavras; tão inútil se se comparar com as ciências naturais, que rendem a colheita de técnicas materialmente benéficas; tão pretensioso que se orgulha da sua consubstancial inutilidade e, apesar desta, mais ainda, fundando-se nesta, considera-se como o único autêntico e máximo saber. Achamos ambas as coisas formalmente declaradas por Aristóteles quando nos primeiros parágrafos da sua *Metafísica* diz, comparando esta ciência com as demais, ἀναγκαιότεραι πᾶσαι – todas as outras ciências são mais necessárias, no sentido de mais úteis, πρεσβυτάτη οὐδεμία, mas mais augusta nenhuma. É claro que nós, no momento oportuno, meteremos o bisturi neste dizer de Aristóteles para o submeter a uma grave operação cirúrgica porque, ainda que seja acertado se entendido vagamente, é um erro crasso se for tomado a sério e obrigado a precisar o seu sentido. Aludo assim à enorme questão pelo exercício da qual os gregos, descobridores da inteligência ou razão e com isso da teoria, sentiram tal entusiasmo que o consideravam como o valor supremo na realidade universal. Como tal valor supremo, exige que tudo o resto se justifique perante ele, sem que ele mesmo necessite de justificação, ou bastando-lhe ser e atuar para se justificar a si mesmo. Esta apoteose – no sentido estrito da palavra –, portanto, esta beatificação ou divinização da inteligência – ou *logos* – e da teoria, pelos gregos, que teve entre os seus múltiplos efeitos o de levar a que o evangelho de S. João comece dizendo: No princípio era o *logos* ou razão e a razão existia *à beira de* Deus, καὶ θεὸς ἦν ὁ λόγος – e a própria Razão era Deus –, esta apoteose da inteligência, digo, herdada com o resto do tesouro helénico pela cultura europeia – S. Tomás contribuiu sobremaneira para isso – é o que chamamos «intelectualismo». Porque se esquece demasiado que o cristianismo ocidental, como insinuei na última lição[9], ainda que não esteja certo de que se reparou bem nisso, quando de passagem aludi a Santo Anselmo, figura que inicia e resume toda a evolução posterior da chamada «civilização cristã», o cristianismo europeu foi, sob a sua carapaça de dogmas revelados, intelectualista e *a potiori* racionalista. Basta recordar que o homem, não direi mais genial, mas sim *mais normal* representante do catolicismo nos últimos quatro séculos, o grande Bossuet, dizia que mesmo Deus «tinha que ter razão». E o curioso é que Bonald, o reacionário dos reacionários, o arqui-reacionário, cita, um século e picos depois, este texto de Bossuet e acolhe-o com entusiasmo. Eis um dado e um exemplo que nos poupa ter de aduzir inumeráveis outros, para provar o prestígio que a razão tinha no último terço do século XVII, uma vez que se obrigava Deus a ser razoável, coisa que teria escandalizado os cristãos do século XV, mais ou menos impregnados de ockamismo, e que o próprio Descartes – duas gerações anterior a Bossuet – se teria negado redondamente a aceitar. A verdade é que Bossuet, que, como indiquei, era o completo oposto de um inovador e de um revolucionário religioso, pois era, com efeito, o mais normal católico existente em tempo algum dizia também: «Prefiro que a Igreja se mantenha sempre variável e caminhe sempre para a frente», tese que, como é sabido ou devia ser sabido, é a mais característica do catolicismo face ao protestantismo. Mas a minha geração e de maneira radical talvez eu em primeiro lugar cronologicamente vimos que era forçoso decidir-se contra esse tão tenaz «intelectualismo» e pensamos, por razões iniludíveis que se irão apresentando, pensamos que a inteligência

---

[9] [N.T.] A referência tinha sido feita na Lição III.

tem *também* que justificar-se perante a vida humana, da qual ela é só uma função particular, determinada e apenas válida se integrada dentro do organismo que é o nosso viver. No meu livreco *El tema de nuestro tiempo*, que reproduz umas lições dadas em 1921, podem já ver definida essa questão como a tarefa filosófica que a nossa época tinha de empreender e que, com efeito, depois empreendeu.

Mas vamos ao que íamos. Deixemos de lado, por agora, averiguar se, como pretende Aristóteles, a filosofia é o saber augusto porque isso obrigar-nos-ia a dilucidar que é ser «augusto», termo que em latim corresponde ao grego πρεσβυτάτη, e este tema sobremaneira sugestivo deve ficar para o momento em que seja mais fértil tratá-lo, isto é, quando muito mais a barlavento do curso falemos do Estado e da autoridade, da *auctoritas*, e, ao perguntarmos «que é a autoridade» e especialmente que foi a *auctoritas patrum*, a autoridade do Senado em Roma – conceito que é sem rodeios a chave e o segredo de toda a portentosa história romana –, descubramos com surpresa que autoridade, *autor, augur* e *augustus* são vocábulos com a mesma raiz e em que se agita a mesma ideia, e por isso quando o Senado, ao chegar o Império, perde a sua verdadeira *auctoritas* dá-se ao primeiro imperador ou príncipe, a Octávio, o título de Augusto que vai subsistir como nome da suprema magistratura imperial, tanto na época do *principatum* como desde Diocleciano na época do *dominatum* ou senhorio.

O que há de plena verdade na frase de Aristóteles é o que ela dá por suposto porque está dito nos parágrafos anteriores e posteriores que ela resume, isto é, que a filosofia é um saber radical e que o é porque coloca os problemas últimos e primeiros, portanto, os radicais; e porque se esforça em pensá-los de modo radical. Este radicalismo do pensamento filosófico distingue-o dos outros modos de conhecimento, sobretudo, distingue-o das ciências, porque estas, longe de colocarem problemas radicais, não admitem outros problemas para além dos que são, em princípio, suscetíveis de solução, portanto, problemas mansos, como animais domésticos, problemas que o são na medida em que já estão antecipadamente meio resolvidos e entram na investigação como os leões amestrados na pista do circo, quer dizer, previamente anestesiados. Mas os problemas da filosofia são os problemas absolutos e são absolutamente problemas, sem nenhuma limitação do seu brio pavoroso, são os problemas ferozes que afligem e angustiam a existência humana, de que o homem é portador e sofredor permanente e que não oferecem garantia alguma de serem solúveis, que talvez não o sejam agora, nem o serão nunca. Por isso a filosofia é o único conhecimento que para ser o que tem de ser não necessita de conseguir a solução dos seus problemas, portanto, não necessita de ter sucesso na empresa. Mesmo sendo um perpétuo fracasso está perpetuamente justificada como ocupação humana porque a força da filosofia, diferentemente dos outros modos de conhecimento – ciência, técnicas, sapiência vital ou saber mundano, *et cetera* –, não se funda no acerto das suas soluções mas, sim, na inevitabilidade dos seus problemas.

Com isto entrevemos já, por um dos prismas, que a filosofia não é uma ciência, mas outra coisa, não sabemos ainda se superior ou inferior na hierarquia dos conhecimentos. Não se esqueça que o primeiro instante em que a filosofia, depois dos seus ensaios iniciais, toma consciência de si mesma, é na pessoa refinadíssima que foi Sócrates, a quem o poeta italiano Pascoli descreve quando na prisão bebia a eterna cicuta que, de uma ou outra forma, acaba sempre por beber o autêntico intelectual:

> *E nel carcere in tanto era un camuso*
> *Pan boschereccio, un placido Sileno*
> *di viso arguto e grossi occhi di toro*

Pois este chato Pã dos bosques, este plácido Sileno, de cara astuta e grandes olhos de touro, definia nas praças e ginásios de Atenas o seu estranho fazer, *para o qual, muito provavelmente, ele mesmo inventa e usa pela primeira vez o nome de filosofia*, definia o seu estranho fazer como um saber que não se sabe. Que peregrino saber em que o sabido, o conteúdo do saber é precisamente a própria ignorância! Ciência estranha que dezanove séculos mais tarde o Cardeal Cusano, indubitavelmente a figura mais genial – talvez a única genial – do século XV, vai denominar elegantemente «a douta ignorância». Filosofia é, então, acima de tudo consciência hiperestésica dos problemas, não segurança petulante nas soluções. Com certeza, que só uma vez, só num certo momento Platão nos apresenta Sócrates desdizendo um *bocadinho* essa sua atitude de douto ignorante e sábio em insipiência. Foi numa jornada calorosa de estio em que, ao meio-dia, Sócrates faz sair com ele da urbe o seu discípulo Fedro e leva-o aos subúrbios, a um pequeno bosque de plátanos junto ao rio Kefisos, lugar de quimérica frescura. Nessa hora da sesta propícia aos abandonos – que em grego se chamava *mesembría* –, Sócrates revela a Fedro um segredo: «Eu digo em Atenas que só sei que nada sei – mas isto não é inteiramente verdade. Há um assunto, um só assunto em que sou grande entendido e sabedor – esse assunto é τὰ ἐρωτικά, as coisas do amor.» Enquanto diziam isto, sobre as suas cabeças, instaladas nos plátanos, as áticas cigarras caniculares arranhavam na sua áspera rabeca ou *arrabil*.

A filosofia tem fama de ser coisa difícil mas esta fama é indevida. O que acontece é que, sendo a filosofia tão radical fazer, não há maneira de a poder entender se não se tiverem bem presentes os problemas que a disparam e que inspiram a sua agitação. Daí que fosse preciso sugerir brevemente em lição anterior a situação sobremaneira problemática em que se encontra o homem atual. Tanto na razão teórica como na razão prática os que eram princípios e supostos do viver humano ocidental converteram-se subitamente em questões, em enigmas. Aludi à «crise dos fundamentos» nas ciências exemplares – física, matemática e lógica – que juntas eram o que com mais propriedade e mais concretamente tinha cabimento, até aqui, denominar inteligência ou razão. O conceito de matéria foi escamoteado da física, o princípio de causalidade evaporou-se, as leis da física converteram-se de firmes leis causais em meras leis estatísticas que apenas falam de probabilidades, e o físico declara não saber bem se a física é um conhecimento no sentido que costumava atribuir-se a esta palavra, portanto, confessa que ele mesmo não sabe o que está propriamente a fazer quando está fazendo física. Não pretendo que vocês entendam agora o âmago de tudo isto. Não faz falta: depois chegará a hora em que o verão suficientemente claro. O que importa agora é que tenham noção deste facto posto a nu: que os próprios físicos pensam assim da sua física e que coisa semelhante acontece com a matemática e com a lógica, esta última protótipo da mais pura ciência e da mais autêntica teoria, pedra de toque, critério e juiz de todas as outras.

Mas convém que hoje ponhamos os pontos nos *ii*. Quando eu dizia que a lógica, ao tentar recentemente constituir-se em plenitude e máximo rigor, portanto, ao querer realizar-se e não ser como até aqui mero programa e não mais do que projeto, descobriu que isto era impossível, que os alicerces da lógica não são lógicos mas sim admissões ilógicas e, portanto, que a lógica acabava por ser em grave dose e até de certo modo e *consubstancialmente* i-lógica, que, em consequência, *não há lógica,* é preciso que se entenda bem o que foi dito.

Estamos, senhores, a falar com rigor, e a palavra *lógica* significava até à data uma noção muito precisa: era o nome da teoria mais estritamente racional em que nada ficava vago nem *ad libitum*, em que tudo se provava a si mesmo por ser evidente – como pareciam sê-lo os princípios – ou se poderia provar com todo o rigor imaginável, como parecia acontecer com tudo o que desses princípios se *deduzia*. A verdade da teoria lógica não era uma verdade qualquer, mas uma verdade absolutamente fundada em razões, isto é, absolutamente provada. E eis que quando *aquela* lógica adquire a sua forma mais exata, extensa e perfeita – a saber, nos trabalhos dos últimos cinquenta anos – essas mesmas exatidão, extensão e perfeição dão como resultado o descobrimento de que *aquela* lógica, portanto, isso que a palavra significava desde há vinte e quatro séculos, se revela como impossível. De modo que:

1º A catástrofe na lógica – *tenha-se isto fortemente em conta* – não vem, pois, de uma debilidade do pensar tradicionalmente chamado lógica, mas, pelo contrário, do seu incrível robustecimento contemporâneo.

2º Sendo a noção plena de verdade em toda a tradição filosófica sinónimo de lógica – ao ponto de que o mais genial lógico de sempre, o gigantesco, quase sobre-humano Leibniz, chama à sua lógica *doctrina veritatis in universum*, «teoria da verdade em geral» –, a catástrofe da lógica significa que a noção tradicional de verdade periclita.

3º É, então, literal e rigorosamente certo dizer *que não há lógica* – já que isso que era a lógica se revela como algo ilógico. Porque não se trata apenas de que certos dos seus princípios sejam falazes – como disse para simplificar –, mas de que todo o corpo da lógica começou a tornar patente a sua ilogicidade e se viu que os conceitos como tais nunca têm as condições que permitiriam manejá-los logicamente, em sentido estrito, antes são sempre aproximações. Ou para dar outro exemplo, se se abrir o último livro importante, que eu saiba, publicado sobre lógica matemática, que é a lógica máxima, o do americano Willard van Orman Quine, *Mathematical Logic*, New York, 1940 (editado por Norton, que é, a propósito, o meu principal editor em língua inglesa) encontrarão nele: *that there must always be indemonstrable mathematical truths*. Mas verdades indemonstráveis são, claro está, verdades que não são lógicas. Contudo o que seja essa outra classe de verdade, que, pelos vistos, é verdade sem o ser logicamente, não se sabe ainda.

4º *Essa* lógica tida pelos homens melhores da Grécia, Roma e Europa como a única coisa intramundana que absolutamente não era ilusão, mas sim algo efetivo e por completo fidedigno, desmascara--se como mais uma ilusão que o homem abrigou e agora perde: era uma utopia, algo meramente imaginário, um *desideratum* e um ideal que se julgava ser uma realidade obtida e possuída – e isto, sem interrupção, durante vinte e cinco séculos; a lógica foi descoberta por volta do ano 480 a.C.. Não é fraca a persistência dessa ilusão! Quem nos dera ter outras ilusões capazes de nos iludir durante dois mil e quinhentos anos!

5º Isto não quer dizer que deixe de se ensinar essa lógica tradicional em Liceus e Universidades. Essa lógica que perdeu o seu valor de *verdade* exemplar e plena continua a ser útil, ainda que despromovida a mera verdade aproximada e prática. Mas note-se que o mais contraditório na noção tradicional de «verdade lógica» é que seja afinal uma verdade prática, para usos menores e temas próximos. Aconteceu-lhe como à geometria tradicional ou de Euclides que hoje apenas vale para distâncias curtas, mas é falsa se se quiser fazer dela uma geometria de longo alcance, o que Einstein chamou uma *Ferngeometrie*.

6º Compreender que o pensar lógico é utópico significa, ao mesmo tempo, colocar a possibilidade de outro pensar que não seja utópico ou que o seja muito menos, e a esse novo pensar poder-se-á, se se quiser, continuar a chamar *lógico* mas desde que a palavra se use com um novo sentido. E esse novo pensar, em cuja elaboração poucos andamos no mundo, será, assim pretendemos, mais exato do que o velho pensar lógico e, no entanto, será menos lógico do que o tradicional e, às vezes, nada.

7º E último. A presente é uma situação especificamente filosófica uma vez que o é uma destas duas: aquela em que por fracasso do método visionário se descobre, pela primeira vez, como na Grécia, o método intelectual ou racional que não é mais do que outro nome da própria filosofia, ou aquela em que por fracasso da razão, como agora acontece, há que procurar um método novo que não seja, nem o racional da tradição filosófica, nem o visionário que a filosofia sepultou, e há que descobrir outra nova *razão*. Esta última é a solução mínima e a que eu adotei.

Num ou noutro caso o novo a que se chega ter-se-á conseguido por superação do método racional usado e agora em crise, e não se pode superar a razão ainda destroçada e fracassada a não ser usando meios que a incluam, portanto, meios racionais, meios filosóficos.

Quis estender-me um pouco – que dada a enormidade do tema bem pouco foi – a precisar o que significa a recente catástrofe na lógica para que vejam, como num exemplo, qual é a presente situação da inteligência ou razão na ordem teórica, e como a consciência do abismo problemático que se abre debaixo dos pés dos homens de ciência – o sentirem que a terra firme lhes falta de repente e que caem num elemento inconsistente, flutuante, num mar de dúvidas – leva automaticamente a executar movimentos natatórios de salvação, a procurar uma nova costa e terra firme. O mesmo podíamos ter feito com a matemática e com a física, mas isso não tem cabimento neste curso. O meu propósito não é estudar especialmente a nova metodologia que as ciências particulares reclamam, mas precisamente construir os princípios de que essa nova metodologia pode surgir, em suma, é elaborar uma filosofia que ao deparar com esses problemas mais radicais que os jamais colocados tem ela própria que ser mais radical do que as pretéritas. Agora vocês darão todo o rigor do seu sentido à frase com que começa o parágrafo de Husserl que lhes li e diz assim: «A situação atual das ciências europeias obriga a reflexões radicais». Esta reflexão radical é essa mais radical filosofia que pretendemos.

Mas terão reparado que a catástrofe acontecida nos fundamentos da razão teórica e das ciências exemplares é, ainda que catástrofe, de sinal positivo no duplo sentido de que, primeiro, originou-se não numa míngua de inteligência mas, pelo contrário, como efeito da sua maior perfeição e de acrescentamento, e, segundo, porque a inteligência, quando o é autenticamente, é sempre, mesmo que não queira, positiva como se percebe mal se entende que a descoberta de um erro, que é uma situação cujo anverso ou primeira cara parecem puramente negativos, é *ipso facto*, ao mesmo tempo e pelo menos olhado pelo seu reverso, achar-se o homem em posse de uma nova verdade. Qualquer pessoa diria que revelar-se como um erro o que antes acreditávamos ser uma verdade é como uma luz que se apaga, e, no entanto, significa contrariamente uma nova e mais intensa iluminação. Esta positividade inevitável é característica da autêntica inteligência, como a negatividade o é da pseudointeligência. Daí o negativismo fatal dos pseudointelectuais de aldeia que consiste em, ao falarem ou escreverem, exalarem em baforadas o *nada* íntimo que os constitui.

Por tudo isto, pudemos no passado dia diagnosticar a atitude presente do homem perante a crise da razão sob uma forma que hoje expressa com outras palavras seria esta: o homem encontra-se numa atitude ambivalente frente à sua razão: continua a crer nela mas crê ao mesmo tempo nos seus limites.

É distinta a conjuntura na ordem da razão prática que exemplificávamos aludindo à evaporação de toda a moral racional e à volatilização completa do direito, peça que parecia imprescindível como instância e recurso na convivência humana. Também aqui a origem da catástrofe tem uma dimensão, pelo menos, de sinal positivo, porque se, como eu dizia, acontece que pela primeira vez na história caducaram todos os direitos e instituições estabelecidos sem que estejam à vista as figuras ideais de outros direitos e instituições que os possam substituir, deve-se em parte – *mas, note-se, só em parte!* – a que a experiência ocidental em matéria de direitos é já muito rica. Em mil e quatrocentos anos ensaiaram-se, por exemplo, tantas formas de governo a que se descobriu mais tarde o seu defeito congénito que não é fácil encontrar uma nova forma distinta das passadas e que possa entusiasmar. O inconveniente da maturidade é ter acumulado mais experiências da vida. Na maturidade começa a ser difícil um certo fazer humano curioso a que chamamos criar expectativas. Por conseguinte o europeu em matéria de governação, queira ou não queira, é um velho gato escaldado que foge até da água fria.

Mas, desgraçadamente, a razão prática – moral, direito, governo, costumes, *et cetera* – não pode, como a teórica, recluir-se em si mesma, antes, para ser, tem que contar com as paixões e cegueiras do homem, com a estrutura económica da sociedade, com a pobreza ou riqueza de cada povo e com a pressão que umas nações exercem sobre as outras. E todas estas condições são hoje maximamente desfavoráveis para o homem europeu e a sua cultura, para a cultura racional. Daí a gravidade extrema da sua situação. A minha missão não é entrar neste tema. Só julgo inevitável dizer estas palavras: há vinte anos anunciei prolixamente que pronto chegava à Europa uma conjuntura em que ia perder o comando sobre o mundo que exercia desde há quatro séculos, que o ia perder se não opusesse a este destino uma retificação drástica e certeira, e que essa perda do comando ao fazer perder aos europeus a confiança em si mesmos, e o entusiasmo pelo seu papel histórico, corria o risco de os envilecer e acanalhar, fazendo-os cair em plena desmoralização, convertidos de agentes em pacientes inertes da história, literalmente em escravos de outros continentes; em suma, que se ia repetir neles o pertinaz destino de todos os povos que num dia mandaram e noutro deixaram de mandar, quer dizer, ficaram condenados a obedecer e só obedecer – definição do escravo – e se transformaram em povos *fellahs*. *Fellah* é o camponês lavrador do Egito, o que resta daquele primeiro e três vezes milenário império cujos homens desde há dois mil e quinhentos anos deixaram de fazer história e, reduzidos a uma existência como que botânica ou vegetal, aram quotidiana e identicamente o seu sulco sobre a terra, com a cabeça ingloriosa inclinada sobre a gleba – enquanto acima deles, sem contar com eles acontece esse maravilhoso e sempre novo acontecer a que chamamos a vida histórica, a marcha da história. Não vou dirimir agora, registe-se, a questão de se isto já começou a acontecer ou não: apenas posso dizer que perante o que se passa eu próprio sinto arrepio e mal-estar por ter feito aquela profecia.

Claro que se quiserem podemos tomar o assunto menos tragicamente e fingir uma consolação romântica, comprazendo-nos com doentio narcisismo na nossa própria degeneração e dizer, não se pode negar que com supremo garbo, como diz o nosso poeta andaluz Manuel Machado:

Eu sou como as gentes que para a minha terra vieram
– sou da raça moura velha amiga do sol –
que tudo ganharam e tudo perderam.
Tenho a alma de nardo do árabe espanhol.

Está bem, é uma consolação; mas seriam preferíveis outras.

Em todas as ordens, pois, o homem atual – não só o europeu – sente-se perdido e esta consciência de radical perdição ou perda é preciso que esteja viva em todos nós e que não pretendamos cegar-nos cobardemente para não a ver, porque só essa desesperada impressão de perda pode suscitar em nós a reação salvadora. Veremos depois por quê o que o homem fez de valioso o fez porque se sentiu perdido e como, necessariamente e vice-versa, todas as suas desgraças e desastres vieram sempre de um dia se ter julgado demasiado seguro.

Para o homem, encontrar-se desorientado – *dépaysé* – é radicalmente perder-se, aquilo que Husserl expressava ao dizer que o mundo se nos tornou problemático, e é-o porque, como vamos ver dentro em breve – talvez hoje mesmo se o tempo no-lo permitir –, o homem não tem outro remédio senão estar sempre a fazer algo para sobreviver ou subsistir; ia dizer que não tem outro remédio senão estar sempre a fazer algo sob pena de perder a vida, mas isso é dizer pouco, porque se se abandona, se não faz nada e se deixa morrer, *faz* um dos mais enérgicos e terríveis fazeres sempre ao dispor do homem e que se chama suicídio. Tem, então, de fazer sempre algo, mas para fazer tem de escolher o seu fazer e para escolher tem de se orientar a respeito do que é o mundo, ele próprio, a sua vida, a fim de encontrar motivos que inspirem e justifiquem perante si mesmo a sua escolha.

O homem, ao ser puro e contínuo fazer, estar fazendo, é puro movimento e movimento que vai atraído por uma meta. E, em virtude de razões muito precisas, que no próximo dia dilucidaremos, acontece que essa entidade *homem*, cuja única realidade consiste em ir para um alvo, de repente, fica sem alvo, e no entanto tendo de ir, de ir sempre.

Para onde? Onde ir quando não se sabe para onde? Que via tomará o desviado? Que direção, o perdido? Desde há trinta anos, dizia eu, tem a consciência de uma atroz perdição.

No dia anterior a embarcar em Buenos Aires para Lisboa, vão cumprir-se em breve três anos, entregaram-me, admiravelmente encadernado, o texto estenografado de um curso dado por mim naquela Faculdade de Filosofia no ano de 1916[10]. Eu era então de sobra um rapaz e, claro está, sabia ainda menos do que agora, mas surpreendeu-me, ao reler as minhas velhas palavras, como ali estavam tratados, ainda que com meios insuficientes, os grandes temas que iam dar forma hoje à filosofia e que na altura ninguém ainda tratava. Entre eles aparece já no centro da filosofia o problema do homem que só anos depois Scheler destacou, mas sem chegar a centrar nele a filosofia, que é o decisivo. Pois bem, nos meus esforços por esclarecer o enigma que é o homem tropecei então numa imagem com que hoje, eu e toda a filosofia característica deste tempo, podemos comprometer-nos por completo. Eu definia o homem metaforicamente, dizendo que tem a alma dinâmica de uma flecha que tivesse esquecido no ar o seu alvo. Imaginem o pobre corpo da seta estremecida e vibrante pela sua inevitável velocidade, suspensa sobre o vazio, tendo de avançar e avançar mas não sabendo para onde, dona apenas da sua perda e da sua veemência. Tudo à nossa volta são formas de não saber o que fazer. Estas formas assumem, às vezes, estranhos disfarces, pois há em todas as partes do mundo quem entre num fazer frenético, quem se alcoolize com uma hiperação inautêntica para preencher a lacuna de

---

[10] [N.T.] O curso que Ortega deu em Buenos Aires, em 1916, sob o título «Introducción a los problemas actuales de la filosofía», só foi publicado postumamente. A versão estenografada a que aludiu em Lisboa – parece que com equívoco, quanto à altura em que lhe foi oferecida – referira-a já em público – cf. *RH40*, p. 478 e p. 506 – e foi-lhe oferecida por Coriolano Alberini, o filósofo argentino com quem Ortega trocou interessante correspondência, recentemente publicada – cf. "José Ortega y Gasset – Coriolano Alberini. Epistolario (1916-1948). Presentación y edición de Roberto E. Aras", *Revista de Estudios Orteguianos*, Madrid, nº 30 (2015), pp. 31-76.

não saber, na verdade, o que fazer, e no outro extremo há o total *não fazer*, o quietismo e abandono ao que venha a acontecer.

Não se sabe o que fazer em política, mas tão-pouco, já o vimos, o físico sabe o que está fazendo com a sua física, nem o matemático com a sua matemática, nem o lógico com a sua lógica – e poderíamos ter acrescentado, se tivéssemos tido tempo –, nem o poeta com a sua poesia, nem o músico com a sua música, nem o pintor com a sua pintura, nem o capitalista com o seu capital, nem o operário com o seu cargo de obreiro, nem o pai de família com a sua família, e como está em crise e se tornou problemática a relação entre o homem e a mulher. Cada uma destas frases é mero título de assuntos sobre cada um dos quais haveria que falar longamente mas aos quais o tirano Tempo nem sequer nos deixará assomar.

Sem instâncias últimas não há orientação e perdemos todas as instâncias últimas que pudessem dirigir a nossa vida. Há para o crente a religião, mas a religião não orienta a nossa vida exceto estritamente – nunca se esqueça isto – enquanto a projeta para a outra. Por isso a religião não sabe nem pretende saber que instituições políticas ou que métodos de pensamento ou que formas de economia ou que estilos de pintura devêssemos inclinar-nos a escolher.

[Começo descartado]
[Teologia e Filosofia]

Dizia Goethe que o homem, diferentemente do animal, nunca é só um sucessor, mas é sempre, além disso, um herdeiro. Tinha muita razão. O homem ao nascer encontra-se sempre já com formas de vida – modos de falar e pensar, de sentir, de fabricar, normas de conduta privada e social, *et cetera* – que necessita de absorver sob pena de ser ele próprio quem tenha de começar de novo a inventar ou criar tudo isso, portanto, sob pena de retroceder ao instante primigénio da humanidade e voltar a ser o primeiro homem. Este primeiro homem não foi herdeiro de nada, por isso é, em rigor, um ente imaginário, que nunca existiu. Ser de verdade o primeiro homem é coisa indiscernível, indiferenciável de ser o último orangotango. Como há um milhão de anos – já disse que cálculos recentes permitem atribuir essa cifra aproximada à primeira aparição da espécie *homo* sobre a terra –, como há um milhão de anos surgiu na natureza um ente que merecesse já ser qualificado de *humano* ou pelo menos de *homínida*, como dizem os antropólogos, e que já não era mero antropoide, é coisa ainda muito pouco esclarecida, mas sobre a qual tenho as minhas suspeitas que, com tal carácter e não mais do que isso, me atreverei a comunicar-lhes no fim deste curso que é onde propriamente têm o seu lugar.

As pessoas entre as que escutam que são crentes com fé viva na doutrina cristã não precisam de se assustar ante expressões como a antes usada de que um primeiro homem, quer dizer, um ente que ao nascer não encontra já criações devidas a um homem anterior seria indiscernível, indiferenciável do último orangotango ou, o que é igual, do mais avançado antropoide. Nem esta, nem nenhuma das outras coisas que eu diga neste curso pode causar erosão alguma na fé cristã de ninguém. Isto não é peculiar ao meu pensamento filosófico, mas é oportuno afirmar que desde há cinquenta anos nenhuma filosofia, pelo menos entre as notórias e vigentes, entrou em colisão com a fé religiosa. E isto não por vontade deliberada de o evitar, mas porque a filosofia conseguiu ver com clareza que fala de coisas distintas das que fala a teologia. A teo-logia, ou *theo-léguein*, é falar de Deus e a partir de Deus, isto é, a partir da palavra divina que é revelação – ἀποκάλυψις –, portanto, todos os seus conceitos são pensados e entendidos em função dessa palavra. Ao passo que a filosofia fala do que é e do que não é de acordo com os critérios da razão humana e é o contrário de apocalipse – é teoria, portanto, visão e evidência. Assim, e para tomar um exemplo extremo, a frase antes usada refere-se à «natureza» do homem. Mas este mesmo termo «natureza do homem» significa em teologia coisa muito distinta do que em filosofia.

Os teólogos falam também do *status naturae humanae* – o estado ou estatuto que é a natureza do homem. Mas esta «natureza do homem» não é a consistência ou essência do homem segundo a nossa razão consiga pensá-la, portanto, o que a realidade homem é em si mesma e atendo-se aos factos que no-la manifestam ou nos permitem inferi-la, mas antes, teologicamente entendido, o termo «natureza do homem» significa de modo formal o que, dada essa natureza, seja ela a que for, diz respeito, se relaciona ou importa à possibilidade de salvação. A religião cristã é uma doutrina de salvação, não, como é a filosofia, uma teoria de problemas. Na religião enquanto tal não há problemas, mas, sim, quer ser toda ela, e ser só, solução. A teoria, pelo contrário, é, antes de tudo e sobretudo, presença de problemas, choque da mente com eles, manipulação e tratamento deles – mais ainda, quando a teoria o é no seu sentido máximo como acontece com a filosofia, nem sequer é forçoso, para ser o que tem de ser, alcançar a sua solução, bastando-lhe ser consciência aguda de problemas *iniludíveis*. A força da filosofia, diferentemente dos outros campos de conhecimento, por exemplo, as ciências particulares, não está no acerto das suas soluções mas na inevitabilidade dos seus problemas.

A teologia enquanto teologia não tem meios para fazer uma ideia de qual é a natureza do homem e por isso limita-se a definir o que chama *status naturae humanae* em que o natural do homem inclui já os dons sobrenaturais que tornam possível ao homem salvar-se, e os dons preternaturais de que gozou antes de pecar. Até que ponto esta ideia teológica da *natura humana* não tem a ver com a filosofia revela-se em que à *natura humana íntegra*, segundo os teólogos, pertence a imortalidade física *donum superadditum praeternaturale*. Ora bem, como veremos, para a filosofia a possibilidade mais constitutiva do homem é precisamente poder morrer corporalmente e de facto sempre morreu. O primeiro homem, segundo o dogma, Adão, que era, antes do pecado, imortal, é evidentemente uma personagem distinta por completo do primeiro homem que se parecia tanto com um orangotango – porque este primeiro homem era com certeza mortal.

Lição VI

Estas lições de filosofia foram interrompidas subitamente por uma doença. Com isso não só perdemos dois longos meses, como também, o que é ainda pior, perdemos grande parte do esforço feito nas cinco primeiras. Eu tinha tentado nelas acumular considerações que vos mostrassem vivamente a situação perante a qual se encontra o pensamento filosófico e que, por ser a que é, o obriga a comportar-se de uma precisa maneira, portanto, a ser uma determinada filosofia e não outra qualquer. Não parece sensato que recusemos aceitar o destino e tentando corrigir a fortuna gastemos, para além do tempo perdido, outro mais para reproduzir o já dito. E como o já dito era em si mesmo e de sobra um resumo do que teria convindo dizer, também não é possível resumi-lo agora. Não temos, pois, outro remédio senão continuar, retomando a nossa marcha no ponto em que a interrompemos, se bem que cuidaremos, sempre que possível, de renovar, com alguma alusão ao já dito ou com alguma consideração nova, a memória do caminho até agora percorrido.

Dizíamos que a situação presente se caracteriza por o homem, sempre obrigado a fazer algo para subsistir, a mobilizar-se em ações ou fazeres que lhe permitam reagir satisfatoriamente perante as dificuldades em que a vida, mais ou menos, sempre consiste, se encontrar sem instâncias últimas a que recorrer para dirigir a sua conduta. Não as encontra, nem dentro de si mesmo sob a forma de crenças firmes, nem nas coletividades sob a forma de vigências sociais. Daí que oscile entre os dois extremos, um dos quais consiste em entregar-se ao abandono, inércia ou quietismo, e outro em lançar-se a uma hiperação inautêntica com a qual se alcooliza e lhe serve de estupefaciente para não dar ouvidos à sua profunda insatisfação.

Conforme vimos nas lições anteriores, todas estas instâncias últimas – tanto de ordem teórica como de ordem prática – contraem-se ou reduzem-se a uma: a fé na razão, como num instrumento universal que o homem possuía para resolver os seus problemas. Por razão entendemos a capacidade de pensar com verdade, portanto, de conhecer o ser das coisas. A ideia da razão inclui, pois, dentro de si, os temas verdade, conhecimento e ser. Mas a perfeição incomparável com tudo o que foi conseguido no passado humano a que chegaram as ciências exemplares – lógica, matemática e física –, que eram, de certo modo, a própria razão na sua maior densidade e pureza, trouxe consigo terem aparecido nos seus princípios fundamentais, portanto, no coração do coração da razão, problemas abismais que para a razão não parecem solúveis uma vez que surgiam nas próprias bases da razão. Isto significa que não era esta ou aquela teoria, não eram estes ou aqueles raciocínios ou ideias que se revelavam como questionáveis e problemáticos, mas sim a própria razão e como tal. Mas isto automaticamente origina que se nos tornem também problemáticos aqueles temas fundamentais – verdade, conhecimento e ser. E agora reparamos, com superlativa surpresa, que anteriormente jamais tinham sido investigados de frente e a fundo os aludidos temas, pela simples razão de que até ao presente não tinham sido questão autêntica e dramática para o homem, prova indireta de que não basta a mera e luxuosa curiosidade para investigar um enigma, mas que é preciso esperar que esse enigma se converta em assunto autêntico e vital para o homem.

Baste um exemplo – que basta por ser extremo e excecional – para mostrar como, com efeito, as filosofias do passado deixaram intactas, e para trás das costas, esses temas na sua consistência decisiva.

Toda a cultura científica moderna, até à data, viveu, definitivamente, da fundamentação que Descartes deu às disciplinas radicais. A solidez da sua obra, que conseguiu resistir aos embates e experiências de três séculos e só agora periclita, deveu-se ao radicalismo do seu método.

Toda esta crise das instâncias últimas contrai-se e resume-se, então, na crise da fé na razão. Quando no passado ocidental os princípios, teorias e normas que antes gozavam de vigência e vigor persuasivo perdiam a sua eficácia sobre indivíduos e povos porque se tinham revelado insuficientes, erróneos e portanto ilusórios, a Europa atravessava uma época de inquietação e desânimo, de turbulência e dispersão que se assemelhava a um exército derrotado. Mas cedo os europeus se recompunham e faziam o que segundo Maquiavel tem de fazer qualquer exército quando vencido se desagrega, a saber: *ritornare al segno*, à bandeira que por ser alta e ondear é sempre clara para a vista. A bandeira da convivência europeia era a Razão, faculdade, poder ou instrumento com que sempre tinha acreditado poder contar, em última instância, para esclarecer a sua existência, orientar as suas ações e resolver ou mitigar os seus conflitos. Mas eis que pela primeira vez na história da nossa civilização, quando, ao atravessar esta hora de perigo e desconcerto, os olhos procuram a tradicional bandeira não a descobrem no horizonte, pelo menos com a evidência habitual. Repugna-me que, em matéria tão delicada como esta, a impossibilidade de dar a tão grave tema o seu adequado desenvolvimento nos leve a expressões que traiam a realidade estrita da situação. Por isso referi nas lições passadas que seria puro erro um diagnóstico dela que confundisse a inegável míngua da fé na razão com a suposição de que no europeu estivesse constituída a fé oposta, quero dizer, a convicção de que é nulo e estéril o exercício da razão. Sem dúvida, a ideia de razão está hoje esborratada e confusa mas se ensaiássemos sinceramente livrar-nos da sua disciplina, voltar costas e proclamar, cada um para si e para os outros – o que seria consequente – o direito à irracionalidade, cedo notaríamos que sob uma ou outra forma, sob uma ou outra figura e definição, o comportamento racional nos chama com voz imperativa a partir do fundo da nossa consciência, como se não fosse questão de opiniões, portanto, da nossa fé ou da nossa descrença, o *ter de ser racionais*. O que acabo de dizer – a saber, que a razão ou racionalidade é um imperativo inexorável do homem, um chamamento ou grito que ressoa na sua mais profunda e autêntica intimidade fazendo-lhe chegar o mandamento:

tens de ser racional – opõe-se à ideia ingénua, propalada por quase todas as filosofias do passado e que se tornou tradicional e inveterada, segundo a qual o homem é racional, portanto, que o homem tem e possui uma qualidade precisa que lhe é constitutiva e se chama razão. Se assim fosse não se compreende bem por quê o homem não se comporta racionalmente de modo constante, como a pedra cai para o centro da terra, a aranha tece a sua teia subtil e o tigre salta para o lombo do antílope transeunte. Mas mesmo tomando cada homem na sua hora mais razoável notamos que uns são mais racionais do que outros, que portanto a razão não é uma qualidade precisa, mas sim uma magnitude variável, relativa, um mais e menos, sem que caiba fixar a figura de um *maximum* de razão que fosse a razão total e plena. Uma e outra vez se quis no passado do pensamento fazer consistir a razão em certos caracteres determinados e exclusivos. Mas uma e outra vez se descobriu que essa ideia fechada e conclusa da razão era irracional e que novas formas de razão, por vezes com caracteres opostos aos consagrados, brotavam da sua figura anterior, excedendo-a e superando-a. Recorde-se, por exemplo, que a maior parte da matemática atual está feita com números e relações para os quais os gregos cunharam pela primeira vez o nome «irracionais».

www.ingramcontent.com/pod-product-compliance
Lightning Source LLC
Chambersburg PA
CBHW070452090426
42735CB00012B/2525